大山左衛門尉
市川左団次

監修者——加藤友康／五味文彦／鈴木淳／高埜利彦

［カバー表写真］
天保の改革の諷刺画
（一勇斎国芳筆「源頼光公館土蜘作妖怪図」）

［カバー裏写真］
寄席の光景
（渡辺崋山筆『一掃百態』）

［扉写真］
初代市川左団次演じる大山左衛門尉
（豊原国周筆「遠山桜天保日記」）

日本史リブレット人053

遠山景元

老中にたてついた名奉行

Fujita Satoru
藤田 覚

目次

遠山景元の重要さ

遠山景元(一七九三〜一八五五)は、不思議な人物である。その名前はたいへんによく知られているが、本当はなにをしたのかはほとんど知られていない。遠山景元、といわれてもなかなかピンとこないが、「遠山金四郎《きんしろう》」、あるいは、「遠山の金さん」といわれれば、「刺青《いれずみ》をした名奉行《めいぶぎょう》」と多くの方が思いだす。その名前を知らない人のほうが少ないくらい、日本人のあいだで知名度の高い、馴染《なじ》み深い人物である。最近はあまり制作されないようだが、以前はしばしばテレビの時代劇に登場していた。かつては、遠山景元の名奉行ぶりを語った「遠山政談《せいだん》」が、歌舞伎・講談・映画などで公演され、その主人公として、遠山景元は芸能の世界で大活躍をしていた。

よくその名前を知られている江戸《えど》の名奉行といえば、多くの方は大岡越前《おおおかえちぜんの》守忠相《かみただすけ》▲と遠山左衛門尉《さえもんのじょう》景元の名前をあげる。大岡忠相は、八代将軍徳川吉宗《とくがわよしむね》▲が行った享保《きょうほう》の改革のなかで町奉行▲に登用され、十八世紀前半の歴史で活躍した。防火や医療など都市江戸がかかえていた諸問題の解決、あるいは武蔵野《むさしの》新田の開発などの事績が伝えられる。名奉行（あるいは名裁判）としては、大岡本人の裁判を伝えるものではないにもかかわらず、大岡に仮託した「大岡政談」として、江戸時代後期から喧伝《けんでん》されてきた。大学受験の日本史では、必ず理解しておかなければならない人物の一人である。

それに対して遠山景元は、大岡に匹敵する知名度をもちながら、中学校の社会科教科書はもとより、高等学校の日本史教科書にもその名前はまったく登場しない。そもそも、実在しない架空の人物、と思っている人もかなりいるほどである。また、その名前を知っていても、刺青をした名奉行、というだけで、逸話ではない歴史事実として、具体的にはどのようなことをした人物なのかなどさっぱり知られていない。大岡忠相は、享保の改革の一翼を担った町奉行として、江戸市中の改革政策を実行した。だから、享保の改革と一体であるため、

▼**大岡忠相**　一六七七〜一七五一年。江戸中期の幕臣《ばくしん》。山田奉行・普請《ふしん》奉行をへて町奉行。越前守。物価問題、町火消《まちびけし》・小石川養生所《こいしかわようじょうしょ》の創設に尽力。寺社奉行に昇進し一万石《ごく》の大名《だいみょう》となる。名奉行とうたわれ「大岡政談」が創作された。

▼**徳川吉宗**　一六八四〜一七五一年。八代将軍。在職一七一六〜四五年。紀伊《きい》藩主徳川光貞《みつさだ》の子で、家康《いえやす》の曾孫。享保の改革で財政再建と幕政全般の再編にみずから積極的に取り組んだ。

▼**町奉行**　江戸市中を支配した江戸幕府の職名。旗本の役職で、町人地の行政・司法・治安にあたり、南北の町奉行が月交代で執務。与力《よりき》二五騎・同心《どうしん》五〇人が南北共に配属された。三奉行の一員として、裁判や重要政策の立案に関与。

享保の改革の政策を説明するなかで大岡を語ることができる。

遠山景元は、以下に叙述していくことなのだが、十九世紀半ば近くに江戸幕府が行った天保《てんぽう》の改革の際に、江戸町奉行をつとめていた。だから遠山は、大岡と同じように幕政改革の政策のなかで語られなくてはいけないはずである。町奉行なのであるから、また、あの知名度の高さがあるのだから、天保の改革における江戸市中の改革政策との関係で、遠山の名前がでてもよさそうなのだが、高等学校教科書のレベルにはその名前がでてこない。

私は、十九世紀半ば近くの天保の改革という幕政改革を理解するうえで、また、江戸時代後期の旗本《はたもと》▲あるいは幕府役人のあり方、および江戸幕府の政治・行政のあり方について考察するうえで、遠山景元という人物は重要な素材であると考えている。なぜ教科書や概説書で遠山景元が扱いにくいのかを考えてみると、天保の改革における江戸市中の改革政策に反対し、抵抗しているからである。天保の改革を理解させるため、個別の改革政策とその歴史的な意義を説明するのが一般的な叙述である。ところが遠山は、その江戸市中改革の重要な政策に反対し、抵抗していた。だから、天保の改革の政策を説明するうえでは、

▼**旗本**　将軍直属家臣団《かしんだん》のうち一万石以下で、御目見《おめみえ》以上の格式をもつ者。一七二二(享保七)年には五二〇〇人。一〇〇〜五〇〇石の者が六〇%。軍事にかかわる番方と、行政にかかわる役方の職務をつとめた。

遠山は扱いにくい存在なのである。

しかし、遠山景元を取り上げることにより、江戸時代後期の旗本および幕府役人のあり方をよりリアルに理解することができる。そして、天保の改革のなかで、遠山が老中《ろうじゅう》▲と真向うから対立し、政策の十分な実現を阻止した事実をとおして、江戸時代後期における江戸幕府の民衆支配のあり方を、よりよく理解できるという重要な意義をもつ。そしてそれは、遠山景元一個人に限られない遠国《おんごく》奉行▲を含む幕府奉行所、および代官所《だいかんしょ》▲などの役所の支配行政・秩序維持のあり方を考える重要な素材の一つとなる。

本書では、遠山景元が江戸時代後期の江戸町奉行として具体的になにをしたのかという事実を明らかにすること、そしてとくに、遠山が反対した天保の改革の諸政策とその反対の理由を追究することによって、天保の改革の歴史的な意義を複眼的に理解するとともに、江戸幕府の政治・行政のリアルな姿をとらえたい。さらにそれをとおして、遠山景元がなぜ伝説的な名奉行として後世にその名を残すことになったのか、その点もあわせて明らかにしたい。

▼老中　江戸幕府の職名。全国を統治するための政務を統括した幕府職制の最高職。一六三〇年代に制度的に確立した。朝廷《ちょうてい》や大名の統制、奉書《ほうしょ》への加判《かはん》、幕府諸役人の支配、財政、異国御用をつとめ、定員は三〜五人。

▼遠国奉行　江戸幕府が地方の直轄地においた奉行の総称。老中支配で、大坂・伏見《ふしみ》・京都・駿府《すんぷ》の町奉行、長崎・日光・山田・奈良・堺《さかい》・佐渡《さど》・下田《しもだ》・浦賀《うらが》・箱館《はこだて》・新潟の奉行など。旗本が就任。

▼代官所　幕府の直轄地を支配した役所。陣屋《じんや》ともいう。五〜一〇万石の幕領《ばくりょう》を支配する拠点。代官の住居・米蔵《こめぐら》・牢屋《ろうや》などがおかれ、飛驒高山《ひだたかやま》陣屋が有名。手付《てつけ》・手代《てだい》・用人《ようにん》らが執務した。

①—景晋・景元父子と旗本・役人の世界

遠山家と遠山景晋

遠山景晋《かげみち》・景元父子の軌跡をみると、おのずと江戸《えど》時代後期の旗本《はたもと》と幕府役人制度の仕組みの具体的な姿をみることができる。

景元の父遠山景晋(一七五二〜一八三七)の存在なしには、景元の活躍もなかったかもしれない。かつては、父景晋と子の景元が混同されることすらあったほどで、景元を語るには父景晋にふれないわけにはいかない。そこで、景元にはいる前に景晋の履歴とその活動を紹介しておこう。

景晋は、一七五二(宝暦《ほうれき》二)年誕生(『寛政《かんせい》重修諸家譜』。墓碑銘では一七六四年生まれ。本書は前者による)、知行一〇〇〇石《ごく》の旗本永井《ながい》直令《なおよし》の四男。父は目付《めつけ》▲・旗奉行《はたぶぎょう》▲などを歴任、兄直廉《なおかど》は一七八九(寛政元)年に長崎奉行▲に就任、九二(同四)年に長崎で死去。なお、祖父直允《なおちか》も長崎奉行になっている。

景晋の通称は金四郎《きんしろう》、景元も父のそれを襲名した。景晋以降、遠山家の当主は、代々が金四郎という通称を名乗っている。家督を相続する者以外は他家へ

▼**目付**　江戸幕府の職名。定員は一〇人。旗本や諸役人の監察のみならず、江戸城内の儀式や幕府政務の全般に眼をひからせた。有能な旗本が就任し、多くは佐渡奉行・長崎奉行・京都町奉行・小普請奉行などに昇進した。

▼**旗奉行**　江戸幕府の職名。老中支配に属し、定員は二〜三人。将軍の軍旗である白旗、金扇・半月の馬印《うまじるし》などの管理にあたった。与力《よりき》・同心《どうしん》若干名が付属。

▼**長崎奉行**　江戸幕府が長崎においた職名。定員二人で長崎と江戸に交代で勤務。長崎貿易の統制、キリシタン取締りを重要な職務とし、長崎の防備、外国の使者の応対、都市長崎の行政・財政を担当した。

養子にいく当時の通例にもれず、永井金四郎は旗本遠山家の養子となった。養家の遠山家は、家祖景吉《かげよし》が五〇〇石を知行《ちぎょう》し、その後、景義《かげよし》・景信《かげのぶ》・景好《かげよし》と続いた。なお知行地は、上総《かずさ》国夷隅《いすみ》郡岩熊《いわくま》村（千葉県いすみ市）に三〇〇石、下総《しもうさ》国豊田《とよだ》郡今泉《いまいずみ》村（茨城県下妻《しもつま》市）などで二〇〇石である。遠山家は永井家に比べると知行高は半分、しかも目付や長崎奉行など幕府の要職についた者は誰一人としていない。遠山家は、永井家と比べるとかなり格下の家柄である。

景好は長く実子にめぐまれなかった。ところが、永井金四郎を養子とし跡継ぎに決めたあと男子が生まれてしまった。しかし、家督の後継者を差しかえることはなかった。金四郎景晋は、一七八六（天明《てんめい》六）年、三五歳で家督を継ぎ、翌年、小姓組士《こしょうくみし》▲となり三六歳にしてはじめて幕府の役務についた。この間、儒学《じゅがく》を中心に学問に精をだしたらしい。幕府は寛政の改革▲の政策として、幕臣《ばくしん》教育の振興と人材の発掘をかね、旗本・御家人《ごけにん》およびその子弟を対象に、朱子《しゅし》学《がく》の学識をためす「学問吟味《がくもんぎんみ》」という試験を始めた。景晋は四三歳のとき、一七九四（寛政六）年に行われた第二回目の試験を受け、その結果は「甲科《こうか》合格」「状《じょう》元《げん》」だった。景晋は、受験した旗本のなかで首席の成績をおさめたのである。

▼小姓組士　江戸幕府の職名。職務は将軍外出時の身辺警護、殿《でん》中《ちゅう》警備である。六～一〇組に編成され、一組は番頭《ばんがしら》一人・組頭《くみがしら》一人・組士五〇人で構成された。書院《しょいん》番組とともに両番と呼ばれ、大《おお》番組より格上だった。

▼寛政の改革　一七八七～九三年に老中松平定信《さだのぶ》を中心にして行われた幕政改革。天明の飢饉《ききん》、全国的な一揆《いっき》・打ちこわし、ロシアの接近など、本格的な幕藩制国家の危機に対応するため、政治・経済・社会・文化の多面にわたる改革が試みられた。

- 将軍
  - 大　老------幕府最高の職。常置ではなく非常時におく。
  - 老　中　政務を統轄する常置の最高職。4～5人。
    - 側　衆------将軍と幕閣との取次。
    - 高　家------儀式・典礼をつかさどる家。
    - 大番頭------江戸城の警護や二条・大坂など幕府直轄城の在番をつとめる大番12組の隊長。
      - 大番組頭---12組の大番の組頭。
    - 大目付------幕政監察の職。旗本より選任。
    - [町奉行（江戸）]------旗本より選任。2人。南北両奉行所が月番で執務。江戸府内の行政・司法・警察を管轄。与力・同心を従える。
    - [勘定奉行]-----旗本より選任。4人。幕領の租税徴収や訴訟を担当。享保年間に公事方(訴訟)と勝手方(財政)に分かれる。
      - 郡　代-----代官のうち10万石以上の広域を担当。美濃・飛騨・西国がある。
      - 代　官-----幕領の農村支配を担当する地方官。
      - 勘定組頭---常時12人前後が在任し，勘定衆を指揮し，勘定所事務全般を遂行。
      - 金・銀・銭座--金・銀・銭貨の鋳造機関。
    - 勘定吟味役---1682年設置。4～6人。貢租・出納を監査した。
    - 関東郡代-----関東の幕領支配。のち勘定奉行の兼職。
    - 普請奉行-----土木関係を担当した。
    - 作事奉行-----江戸城の表向の建物の築造や修繕を担当した。
    - 小普請奉行---江戸城の奥向の建物の築造や修繕を担当した。
    - 道中奉行-----五街道とその付属街道を管轄した。大目付・勘定奉行各1人が兼務。
    - 宗門改------キリシタン取締りの任。大目付・作事奉行各1人が兼務。
    - 城　代------将軍のかわりに城をあずかる職。二条・大坂・駿府・伏見城に設置。
    - 町奉行------京都・大坂・駿府におかれた町奉行。
    - 遠国奉行-----江戸から離れた直轄地におかれた奉行。伏見・長崎・奈良・山田・日光・堺・下田・浦賀・佐渡・箱館・新潟に設置。
    - 甲府勤番支配--甲府城の警備と府中の政務が任務。
  - 側用人------将軍に近侍し，将軍の命令を老中に伝え，老中の上申を将軍に伝える役職。
  - 若年寄　老中補佐の職。譜代大名より選任。旗本・御家人を監察。
    - 書院番頭-----江戸城本丸御殿の白書院前の紅葉之間に勤番した書院番の隊長。
      - 書院番組頭--8～10組の書院番の組頭。
    - 小姓組番頭---江戸城本丸御殿の黒書院西湖之間に勤番した小姓組の隊長。
      - 小姓組組頭--8～10組の小姓組の組頭。
    - 目　付------旗本・御家人の監察にあたる。初め10人，のち増員。江戸城巡察・消防などの任にもあたった。
  - 奏者番------譜代大名より選任。20～30人。御目見の際に大名らの披露，進物・下賜品の受渡し。
  - [寺社奉行]------譜代大名より選任。4～5人。寺社統制，関八州外の訴状受理。
  - 京都所司代------朝廷の監察，京都町奉行などの統轄，畿内周辺8カ国の訴訟指揮，西国大名の監視。
  - 大坂城代------大坂城の諸役人の長として城の守護にあたり，政務を統轄した。西日本諸大名の動静監察。

幕府組織図（[　]囲みは三奉行）

景晋はたいへんな秀才だった。

景晋の勉強は、朱子学にとどまらなかった。はじめて蝦夷地《えぞち》へ出張した折の紀行文『未曾有記《みぞうき》』には、「万葉《まんよう》にみゆ」「大和《やまと》物語にありし」「此事《このこと》無《む》名抄《みょうしょう》にありけると覚ゆ」「西行《さいぎょう》の歌なるよし」など、日本の古典文学や、出張地に関する『蝦《え》夷《ぞ》拾遺《しゅうい》』『東遊記《とうゆうき》』『蝦夷志《えぞし》』『北海随筆《ほっかいずいひつ》』などの本、さらにはあだ討ちの実録物『白石太平記《しろいしたいへいき》』まで登場する。まことに幅の広い読書と知識である。

『国書総目録』には、景晋の著作として一四冊もの書目があげられ、学問吟味受験の参考書『対策則《たいさくそく》』、異国船打払令《いこくせんうちはらいれい》の採用を説いた『籌海因循録《ちゅうかいいんじゅんろく》』、各地に出張した際の紀行文として『未曾有記』『未曾有後記』『続未曾有記』『続未曾有後記』などがある。さらに、『国書総目録』には収載されていないが、景晋が目付・作事《さくじ》奉行、そして長崎奉行時代の役務上の自筆日記が、東京大学法学部法制史資料室に所蔵されている。このうち、長崎奉行時代の日記は、荒木裕行・戸森麻衣子・藤田覚編『長崎奉行遠山景晋日記』として刊行されている。

書物による勉強のみならず、景晋は音楽も嗜《たしな》んだ。ロシア使節レザノフ長崎来航事件を処理するため江戸を発つ際の送別の宴席で、来客人の笛にあわせて

▼作事奉行　江戸幕府の職名。定員は二〜三人、内一人は宗門《しゅうもん》奉行を兼務。大工頭、大工棟梁、畳・石・材木奉行らを指揮し、江戸城表向の建物工事を担った。

▼レザノフ長崎来航事件　一八〇四(文化元)年、対日通商関係の樹立をめざし、ロシア遣日使節として長崎に来航。期待に反して幕府に通商を拒絶された。

▼科挙　儒教《じゅきょう》の教養や朱子学の教典解釈などをためす科目試験によって官僚を登用する制度。中国隋《ずい》の時代に創設され、皇帝政治を支える官僚選抜試験として歴代の王朝が継承した。

素読吟味の図（『古事類苑』文学部）教育振興のため、一七歳から一九歳（当初は一五歳以下）の幕臣と子弟を対象にして、一七九三（寛政五）年から始まった経書《けいしょ》の素読をためす試験。学問所が担当し、及第者には褒美《ほうび》があたえられた。

琵琶《びわ》をひいて雅楽《ががく》「太平楽《たいへいらく》」を合奏し、任務をおえて長崎から江戸に戻った祝宴でも「太平楽」を合奏している。ただ能吏《のうり》というだけではなく、朱子学や古典文学を学び、音楽も嗜む。さらにみずからいくつもの紀行文などを書き著わす遠山景晋は、幕臣から「風雅《ふうが》を好む人」と評された。学問はもちろんのこととして、和歌・漢詩・絵画などを嗜むのは、十八世紀末ごろからの有能な幕府役人のスタイルだった。文人的役人、あるいは中国の士大夫《したいふ》風とでもいうのであろうか。

江戸幕府が始めた学問吟味は、中国や朝鮮の科挙《かきょ》▲と違い、いくら優秀な成績をあげても、高級官僚のポストを約束されることはなかった。しかし、なにがしか出世の糸口になることもあった。景晋の場合、学問吟味において最優秀の成績をおさめたことと、ロシアが蝦夷地に接近するという国際情勢の変化に幕府が真剣に対応せざるをえなくなったことが、出世をとげるうえで重要な鍵となった。

景晋の活躍の軌跡

幕府の蝦夷地政策の本格化は、景晋が幕政上で活躍するきっかけをあたえてくれた。幕府は、一七九九(寛政十一)年、東蝦夷地を直轄し書院番頭松平忠《しょいんばんがしらまつだいらただ》明《あき》▲らに蝦夷地巡視《じゅんし》を命じた。景晋はその随行員に選ばれ、津軽《つがる》半島の先端に位置する三厩《みんまや》(青森県東津軽郡外ヶ浜《そとがはま》町)から津軽海峡を渡り、松前《まつまえ》(北海道渡島《おしま》支庁松前町)から白老《しらおい》(北海道胆振《いぶり》支庁白老町)までまわった。その二七二日間にわたる労苦への褒美《ほうび》であろうか、翌一八〇〇(寛政十二)年に徒頭《かちがしら》▲に昇進、その二年後の〇二(享和《きょうわ》二)年、満五〇歳にして幕府の要職である目付に登用された。

目付に就任した景晋は、まさに東奔西走《とうほんせいそう》の活躍をする。一八〇四(文化《ぶんか》元)年、ロシア使節レザノフ(一七六四〜一八〇七)が長崎に来航した事件では、ロシアの貿易要求を拒絶する幕府の決定をロシア側に通告し、平和裡に退去させるという重要な役目に指名された。景晋は、一八〇五(文化二)年閏正月に江戸を発ち、無事この任務を果たした。その折に長崎の出島《でじま》(長崎県長崎市)を訪問して商館長ドゥーフにあい、「玉突き遊び」(ビリヤード)を見物し、異国の遊戯に強い関心を示している。

長崎から戻った景晋には、すぐにつぎの任務が待っていた。幕府は全蝦夷地を直轄する計画を実現するため、景晋に現地調査を命じたのである。幕府は、

▼松平忠明　?〜一八〇六年。知行五〇〇〇石の旗本。中川久貞《ひさただ》の子で松平忠常《ただつね》の養子。一七九八(寛政十)年書院番頭。蝦夷地取締御用掛に任命され、九九(同十一)年仮上知《かりじょうち》となった東蝦夷地の巡視に派遣された。一八〇二(享和二)年駿府城代《すんぷじょうだい》。

▼徒頭　江戸幕府の職名。徒あるいは徒士と書く、御目見以下で騎乗を許されない歩卒《ほそつ》を統率し、将軍の身辺警護にあたる。本丸に一五組あり、一組は、頭一人・組頭二人・御徒三〇人で構成。

レザノフ（瓦版） 露米会社総支配人。ロシア使節として長崎に来航、要求拒否にあい武力行使を示唆。

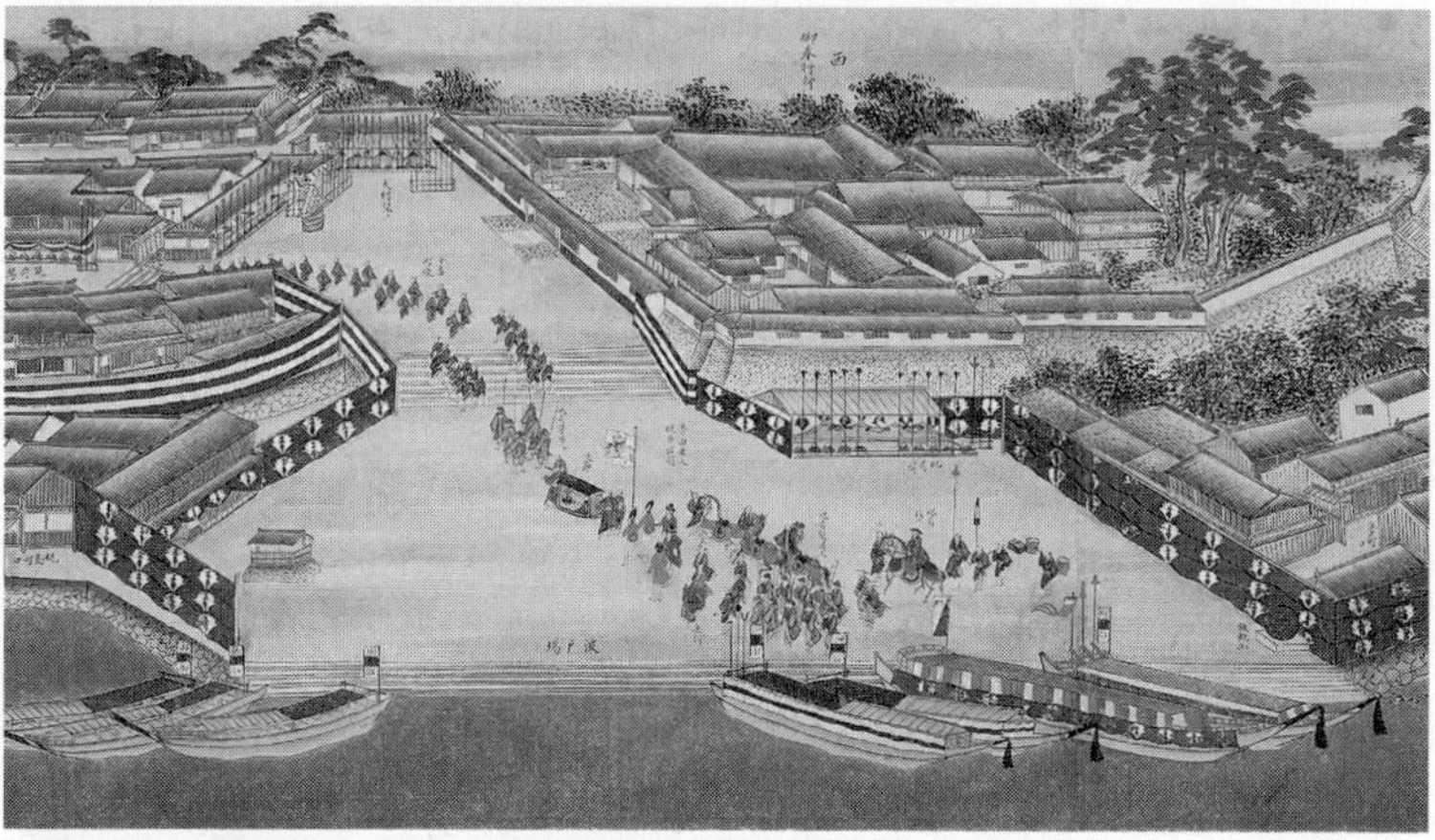

レザノフの上陸（『レザノフ来航絵巻』） 長崎奉行所に向かうレザノフの行列と警備のようすを描く。

一八〇六(文化三)年九月に江戸に戻った景晋が提出した調査報告書を参考に、翌年三月に全蝦夷地の直轄を断行した。それからわずか九カ月後、景晋は三度目になる蝦夷地行きを命じられた。日本に貿易を認めさせるには軍事的な圧力をかける必要がある、と長崎での交渉に失敗したレザノフの示唆を受けたロシア海軍軍人フヴォストフらは、一八〇六年九月、さらに翌年四月から五月にかけてカラフト・エトロフなどを軍艦で攻撃した。幕府は、この重大事件に対処するため、若年寄《わかどしより》▲と大目付らを松前に派遣した。その際、目付の景晋もその随行を命じられたのである。

景晋は、このとき通称をそれまでの金四郎から左衛門《さえもん》に改めた。金四郎では「いかめしさ」に欠けるからという理由で、幕府から改称するように求められたのである。遠山家の家祖景吉の通称権左衛門《ごんざえもん》と、内裏《だいり》諸門の警衛にあたった左《さ》衛門府《えもんふ》からとって左衛門とした。さらに、一八〇八(文化五)年十二月、朝鮮通《つう》信使《しんし》▲来日にあたり対馬《つしま》(長崎県対島市)に出張することになった景晋は、諸大夫《しょたいふ》、すなわち従五位下《じゅごいのげ》に叙され、官職名を左衛門尉《さえもんのじょう》とした。目付といい、諸大夫といい、遠山家にとっては空前の出世だった。景晋は遠山左衛門尉となり、の

▼**若年寄**　江戸幕府の職名。定員三〜五人で一〜二万石の譜代《ふだい》大名が就任。江戸城に勤務する番士・諸役人を統括し、老中につぐ重職。三代将軍家光《いえみつ》時代の六人衆がその起源とされる。のちには勝手掛などの分掌もあった。

▼**朝鮮通信使**　室町《むろまち》時代から江戸時代に、朝鮮国王が日本の武家《ぶけ》政権の長に修好《しゅうこう》・慶賀《けいが》の名目で送った使節。江戸時代に一二回来日。おもに将軍代替わりのときに江戸に派遣され、国書を交換した。一八一一(文化八)年に対馬で行われた聘礼《へいれい》が最後。

ちに子の金四郎景元も父の官職名を継ぐことになる。

日本と朝鮮の外交儀礼が、通信使の応接を対馬で行う易地聘礼《えきちへいれい》へ大きく変更されたため、朝鮮人来聘《らいへい》御用掛《かかり》に任命された景晋は、現地の対馬へ行き事前準備にあたった。一八〇九(文化六)年、対馬で対馬藩の担当者と協議を重ね、さらに対馬にやってきた朝鮮側の訳官使《やっかんし》らとも面談して合意を形成した。一八一一(文化八)年、対馬で易地聘礼が行われた際も、景晋は対馬出張を命じられた。

一七九九年から一八一一年の一二年間に、蝦夷地三回・長崎一回・対馬二回、すべてロシアと朝鮮にかかわる出張だった。景晋は、四〇歳代末から五〇歳代の末までを北へ西へと遠路の旅に費やし、むずかしい対外交渉に奔走した。これほど外交の現場で活躍した幕府役人は珍しいのではなかろうか。

一八一二(文化九)年二月、数え六二歳の景晋は、長崎奉行に任命された。長崎奉行の半数は目付から就任しているし、目付時代に対外関係に深く関与した経歴からすると順当な昇進である。奉行在職四年、うち長崎在勤二回という、それまでの長崎奉行の通例どおりにつとめ、一八一六(文化十三)年に作事奉行、一九(文政《ぶんせい》二)年に勘定《かんじょう》奉行▲に昇進、二九(同十二)年、辞職した。このように景

▼**勘定奉行**　江戸幕府の職名。定員は四〜五人。郡代《ぐんだい》・代官を指揮して幕領《ばくりょう》の支配と年貢《ねんぐ》徴収を行い、幕府財政の運営にあたるとともに、評定所《ひょうじょうしょ》の構成員として裁判を担当。一七二一(享保六)年に、財政を扱う勝手方《かってかた》と訴訟を扱う公事方《くじかた》の分掌ができた。

晋は、数え七八歳まで幕府の要職を歴任した。勘定奉行在職中で特筆すべきは、対外的な危機に備えた海岸防備態勢の策定と、一八二五(文政八)年に発令された異国船打払令▲を主導したことである。対外関係こそ、景晋の本領だった。

景晋は、一八三七(天保《てんぽう》八)年、数え八六歳という高齢でなくなった。おもに対外関係の分野でめざましい活躍をしたのは五〇歳代から六〇歳代と遅かったものの、旗本が就任するもっとも重職の一つである勘定奉行にまでのぼった。遠山家には目付になった者もいない家柄・家筋なので、景晋の出世は個人的な力量によるところが大きい。子の景元が順調に町奉行にまで昇進できた理由は、父景晋が長く要職を歴任し、勘定奉行にまで上り詰めたことが大きい。幕府役人制度の特徴は、父親の勤続年数と勤功、どの地位(職位)にまでのぼったかがその子の出世に重要な意味をもっていたからである。

「毒舌家」とも評される幕末の旗本大谷木忠醇《おおやぎただあつ》(醇堂《じゅんどう》、一八三八~九七)は、一八五六(安政《あんせい》三)年、景晋の著作『対策則』の扉に、景晋は、学問吟味で最優秀の成績を残した秀才であるのみならず、文政年間(一八一八~三〇)の幕府役人のなかでもきわだった能吏で、中川忠英《なかがわただてる》▲・石川忠房《いしかわただふさ》▲とともに「三傑《さんけつ》の一人」と呼ばれ

▼**異国船打払令**　江戸幕府が一八二五(文化八)年にだした外国船撃退令。無二念《むにねん》打払令とも。イギリス捕鯨船の渡来事件を契機に、日本沿岸に接近する外国船を、渡来の理由を問わずに砲撃して追い返すように命じた。

▼**中川忠英**　一七五一~一八三〇年。江戸後期の幕臣。飛驒守。目付として江戸でラクスマン来日一件の処理を担当。その後、勘定奉行・大目付・留守居《るすい》などを歴任。大目付の時代、ロシアとの紛争処理のために蝦夷地に出張した。

▼**石川忠房**　一七五五~一八三六年。江戸後期の幕臣。左近将監《さこんしょうげん》。一七九三(寛政五)年、目付として宣諭使《せんゆし》に任命され、松前に出張してロシア使節ラクスマンと交渉した。作事奉行をへて一七九七(寛政九)年に勘定奉行に昇進。

たと書いている。とくに、ロシア使節レザノフ一件では、その名を世界に轟《とどろ》かせたと特記する。ちなみに、三傑の他の二人のうち中川忠英は、目付から長崎奉行・勘定奉行・大目付に昇進し、文化の面でも優れた事績を残した人物である。石川忠房も、目付・作事奉行・勘定奉行を歴任した能吏である。

景晋を敬慕したのは大谷木だけではなかった。豊後《ぶんご》日田《ひた》(大分県日田市)代官《だいかん》所《しょ》の手代《てだい》の子という低い身分から、勘定奉行、そして外国奉行と幕府の要職に就き、江戸城開城とともにピストル自殺した幕末の有能な幕臣川路聖謨《かわじとしあきら》(一八〇一〜六八)の官職名は、左衛門尉である。左衛門尉にした理由は、川路が景晋を尊敬してやまなかったからだ。幕末の幕臣たちのあいだに、遠山景晋は能吏中の能吏と語り伝えられていたのである。

遠山景元の略歴とその出世

遠山景元は、一七九三(寛政五)年八月に景晋の長子として生まれた。母は、旗本榊原忠寛《さかきばらただひろ》の娘(?〜一八一九)。しかし、父景晋はその出生をすぐには幕府に届けなかった。景晋は、翌年七月、義弟(養父景好の実子)にあたる景善《かげよし》を養

遠山家略系図

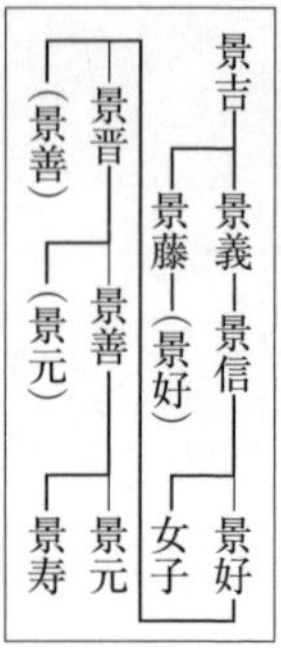

＊家督の関係は細線、実際の親子関係は太線で表現している。『寛政重修諸家譜』による。

▼百人組頭　江戸幕府の職名。鉄砲百人組という、甲賀《こうが》組・根来《ねごろ》組・伊賀《いが》組・二十五騎《にじゅうごき》組からなる幕府鉄砲隊の頭。堀田一知は、一八一二(文化九)年に二十五騎組の頭。与力二五騎、同心一〇〇人が付属し、江戸城大手門《おおてもん》百人番所に詰めた。

子として幕府に届け、家督の後継者に定めた。その手続きがすんでから、その年の九月になってようやく実子景元の出生を届け出たのである。

養父景好は、子どもができなかったから景晋を養子にもらった。にもかかわらず、予想外にそののち実子が生まれてしまった。その子が、名を景善という男の子だった。それでも、当初の予定どおり養子の景晋が遠山家の家督を継ぐことになった。景晋は養家に遠慮したのであろうか、養父の実子景善を養子にし、自分のあとに遠山家の家督を継がせることにした。その景善に男の実子が生まれた。ところが、一八〇三(享和三)年、今度は景元を景善の養子としている。その結果、家督の継承は、景晋→景善→景元の順になる。これは、景善の景晋に対する遠慮なのだろうか。このような遠慮と苦慮の綯《な》い交《ま》ぜになった複雑な家族関係・親子関係のなかで、景元は成長した。

幼名は通之進《みちのしん》、一八〇九(文化六)年、父の通称であった金四郎に改めた。金四郎の少年時代のことはよくわからない。一八一四(文化十一)年三月、数え二二歳のときに、堀田主膳一定《ほったしゅぜんかずさだ》の娘で、当時、百人組頭《ひゃくにんぐみがしら》▲であった堀田伊勢守《いせのかみ》一《かず》知《とも》の妹(?〜一八五四)との結婚が幕府から許可されている。堀田伊勢守家は四二〇〇石、かたや遠山家は五〇〇〇石、知行高では釣合いがとれないものの、堀田家当主の一知は百人組頭、遠山家当主の景晋は長崎奉行である。堀田家は、景晋の子景元が出世すると見込んだのだろう。

一八二四(文政七)年、景元の養父である景善は、遠山家の家督を継がないままに死去してしまった。この結果、景元が景晋の跡継ぎとなったのである。一八二四年、景元は将軍に初《はつ》御《お》目《め》見《みえ》し、景晋の後継者として認知された。それとともに、部屋住みの身ながら西丸《にしのまる》小納戸役《こなんどやく》▲に召しだされ、江戸幕府役人としてのスタートを切った。

一八二九(文政十二)年、父景晋が一〇年間勤続した勘定奉行を辞職し隠居したため、景元は遠山家の家督を継いだ。こののち、一八三二(天保三)年、西丸小納戸頭取格《とうどりかく》に昇進すると、従五位下・大隅守《おおすみのかみ》に叙任《じょにん》された。一八三四(天保五)年には、「格」がとれて西丸小納戸頭取となり、翌三五(同六)年に小普請奉行に昇任し、三六(同七)年に、官職名を大隅守から父と同じ左衛門尉に改めた。

その後、一八三七(天保八)年に作事奉行、とまことに順調に昇進し、三八(同九)年には、父景晋が就任した最高職である勘定奉行に就いた。父景晋が満六

▼**小納戸役**　江戸幕府の職名。定員は一〇〇人前後。将軍のそばに仕え、身辺の日常雑務に従事した。膳《かしわで》番・奥の番・蔵《くら》番・庭《にわ》方《かた》・馬方《うまかた》などの職務分掌があった。本丸と西丸にいて、その頭が頭取。

七歳だったのに対して、景元は満四五歳の年であった。なお景元は、公事方《くじかた》の勘定奉行なので、幕府の財政ではなく裁判を担当する勘定奉行だった。裁判が景元の本領だったようである。

それから二年後の一八四〇(天保十一)年三月には、ついに北町《きたまち》奉行に就任し、満四七歳にして町《まち》奉行遠山左衛門尉景元となったわけである。ちなみに、格式(役職の序列)としては、町奉行のほうが勘定奉行より上位であり、旗本としては幕府役職の頂点に上り詰めたことになる。これにより景元は、父景晋を超えるめざましい出世をとげたことになる。

北町奉行には約三年間在職し、一八四三(天保十四)年二月に大目付《おおめつけ》に転じた。大目付は、幕府役人としての序列は町奉行より高いものの、町奉行に比べると閑職であったため、景元の場合、格式の面では昇進だが、実質的には左遷とみられた。しかし、一八四五(弘化《こうか》二)年三月、今度は南町《みなみまち》奉行になり町奉行に返り咲いた。以後七年間在職し、数え六〇歳になる一八五二(嘉永《かえい》五)年三月、病気を理由に南町奉行を辞職した。町奉行辞職の翌月には早くも隠居して家督を子の景纂《かげつぐ》に譲り、剃髪《ていはつ》し帰雲《きうん》と号して晩年を送り、一八五五(安政二)年二月に

徳川家慶肖像

六三歳でなくなった。

景元の実像

遠山景元は、幕府役人の能吏中の能吏、これが実像である。それを象徴的にものがたっているのは、将軍徳川家慶《とくがわいえよし》▲の「お褒《ほ》めの言葉」である。歴代の徳川将軍は、一代に一度は三奉行《さんぶぎょう》（寺社奉行▲・町奉行・勘定奉行）が実際に裁判するところを上覧《じょうらん》する、「公事上聴《くじじょうちょう》」という儀式を行っていた。第十二代将軍徳川家慶も、一八四一（天保十二）年八月に、この「公事上聴」を吹上《ふきあげ》御庭で挙行した。当日は、寺社奉行四人・町奉行二人・勘定奉行二人の計八人の奉行が、おのおの二件の訴訟を裁いた。

その二日後に、将軍家慶から景元にだけ、「以前から裁判が巧みであるとは聞いていたが、今回の公事上聴の際の裁判ぶりは格別であった。奉行は景元のようにあるべきだ」という「お褒めの言葉」が伝えられた。将軍は、景元の裁判ぶりを激賞し、奉行の模範とまでたたえた。景元は、まさに将軍「お墨付き」の名奉行だった。

▼**徳川家慶**　一七九三〜一八五三年。十二代将軍。在職一八三七〜五三年。院号慎徳院《しんとくいん》。父家斉《いえなり》の死後、内憂外患《ないゆうがいかん》の危機に対処するため、老中水野忠邦《ただくに》を中心に天保の改革を断行したが失敗。一八五三（嘉永六）年、ペリー来日直後に死去。

▼**寺社奉行**　江戸幕府の職名。大名が就任する役職。全国の寺社、僧侶と神職や寺社領、民間宗教者、囲碁将棋師《いごしょうぎし》・連歌師《れんがし》などを支配。評定所の構成員として裁判を担当し、三奉行の一つ。

一八五〇(嘉永三)年に、一二歳で与力《よりき》見習いとして南町奉行所につとめた佐《さ》久間《くま》長敬《おさひろ》は、明治時代にはいって町奉行に関する質問に、記憶の糸をたどって答えている(『江戸町奉行事蹟問答』)。そのなかで、景元についてかなりあやふやな記憶に基づいているものの、「余《よ》(佐久間)初めて務めに入りしは同人(景元)晩年南町奉行の頃にて、裁判の体《てい》一見《いっけん》せしに、毛太く丸顔の赤き顔の老人にて、音声高く、威儀《いぎ》整い、老練の役人と見受けたり。当時の評判には、大岡越前《おおおかえちぜんの》守《かみ》以来の裁判上手《じょうず》の御役人と申し唱えたり」と語っている。

一二歳の見習い少年与力とはいえ、おそらく最晩年の景元を目撃しているだろう。これは、景元の容貌を伝えるほぼ唯一の証言ではないか。かなり迫力のある老練な奉行、という景元の風貌が伝わってくる。伝説的な名奉行大岡忠相《ただすけ》以来の裁判上手な名奉行、という評判だったらしい。

幕臣大谷木醇堂は、景元が死去した翌年に、「大岡(大岡忠相)、根岸《ねぎし》(根岸鎮《やす》衛《もり》)、石河《いしこ》(政朝《まさとも》)、池田《いけだ》(長恵《ながしげ》)、曲淵《まがりぶち》(景漸《かげつぐ》)に続く奉行と称された。市民は服従し、そのころの芙蓉《ふよう》の間《ま》のお役人の一枚看板と賞された。また、遠山の金さんと尊んだ」(遠山景晋『対策則』扉書)と書いている。

▼**奏者番**　江戸幕府の職名。定員は不定。年始・五節句などの儀式で、大名や旗本が将軍に拝謁する際、姓名や献上物の披露、将軍からの下《くだ》され物《もの》の伝達をした。譜代大名から選任され、老中へ昇進する出発点だった。

大谷木は、景晋の場合とは違って、景元本人を間近にみた可能性がある。だから、その語っている内容はただの伝聞とはいえないし、まして明治時代にはいってから過去の記憶で書いているわけではない。景元は、名奉行といわれた大岡以下曲淵に連なるお奉行だとたたえられ、江戸の市民はみな景元によく従い、芙蓉の間の「一枚看板」とまでいわれたという。

芙蓉の間とは、江戸城本丸《ほんまる》御殿の一室の名で、そこには、大名が就任する役職である寺社奉行・奏者番《そうじゃばん》▲・伏見《ふしみ》奉行▲、旗本が就任する留守居▲・大目付・町奉行・勘定奉行・作事奉行・普請奉行▲らが詰めている。芙蓉の間のお役人とは、それらの錚々《そうそう》たる役職の幕府役人をさしている。老中《ろうじゅう》や若年寄を除くと、幕府のもっとも重要な役職者たちである。景元は、数多い重職役人のなかの「一枚看板」、すなわち誇りうる第一人者・中心人物だったという。まさに能吏中の能吏だった。

ところが、能吏というだけにとどまらないのが景元だった。大谷木はさきほどの記述に続けて、人びとが「遠山の金さん」と呼んで尊んだ、ともいう。厳《いか》めしくもある幕府重職の町奉行遠山左衛門尉景元は、「遠山の金さん」と呼ばれた

▼伏見奉行　江戸幕府の職名。定員一人。遠国《おんごく》奉行の一つで、多くは譜代大名から任命された。伏見町の行政と裁判を担当。京都所《しょ》司代《しだい》の指揮下で、京都町奉行とともに近江《おうみ》・丹波《たんば》両国の民政にもあたった。

▼留守居　江戸幕府の職名。初めは将軍不在時の江戸城の守衛や武器・兵糧の管理をしたが、しだいに権限がなくなり大奥《おおおく》の取締りや関所女手形《せきしょおんなてがた》の発行などを行っていた。格式は高く、旗本が就任する役職の最高位。

▼普請奉行　江戸幕府の職名。定員二人。土木工事の責任者で、江戸城の石垣・堀や橋の普請と修理、江戸の上水の管理や屋敷割などを担当した。作事・小普請・普請の三奉行をあわせて下《しも》三奉行と呼ぶ。

紺糸《こんいと》威《おどし》胴丸《どうまる》　一八四四(弘化元)年五月の作。遠山景元が大目付の時代に製作された景元所用の鎧《よろい》である。景元の子孫から靖国《やすくに》神社に寄贈されたという。

▼**中根香亭**　一八三九〜一九一三年。幕末の幕臣。名は淑《よし》、香亭は号。鳥羽《とば》・伏見の戦い、戊辰《ぼしん》戦争に参加。徳川家に従い駿府に移り沼津《ぬまづ》兵学校教授となる。明治政府にも出仕したのち、在野の人として漢学と史学の学問に生きた。

というのである。景元が、いかに人びとから親しみと敬愛の念をもたれていたのかがしのばれる。「景元」より「金さん」が似つかわしい。これも景元の実像である。おそらく、こちらの実像こそが金四郎伝説を生みだしていく源泉だろう。

景元の虚像

芝居・映画・講談・小説・テレビドラマに登場する遠山景元は、下情《かじょう》に通じ刺青《いれずみ》をした名奉行、というのが定番である。若いころは放蕩《ほうとう》無頼《ぶらい》の遊び人であったが、その体験によって庶民の暮しを肌で知ることができ、町奉行になってからはそれをいかして名奉行になった、という成功談も語られる。このような景元像がつくられるうえで、旧幕臣の中根《なかね》香亭《きょうてい》▲の文章が大きな役割を果たした。それは、一八八六(明治十九)年刊の『大日本人名辞書』(経済雑誌社)の「遠山左衛門尉」の項目であり、その記述を漢文にした「帰雲子《きうんし》伝」(帰雲は、景元の号。雑誌『史海』二六号、一八九三〈明治二十六〉年)である。

そこには、若いころの刺青と放蕩無頼の暮しというエピソードをまじえながら、町奉行となってからその体験を職務にいかして名奉行とうたわれた、とい

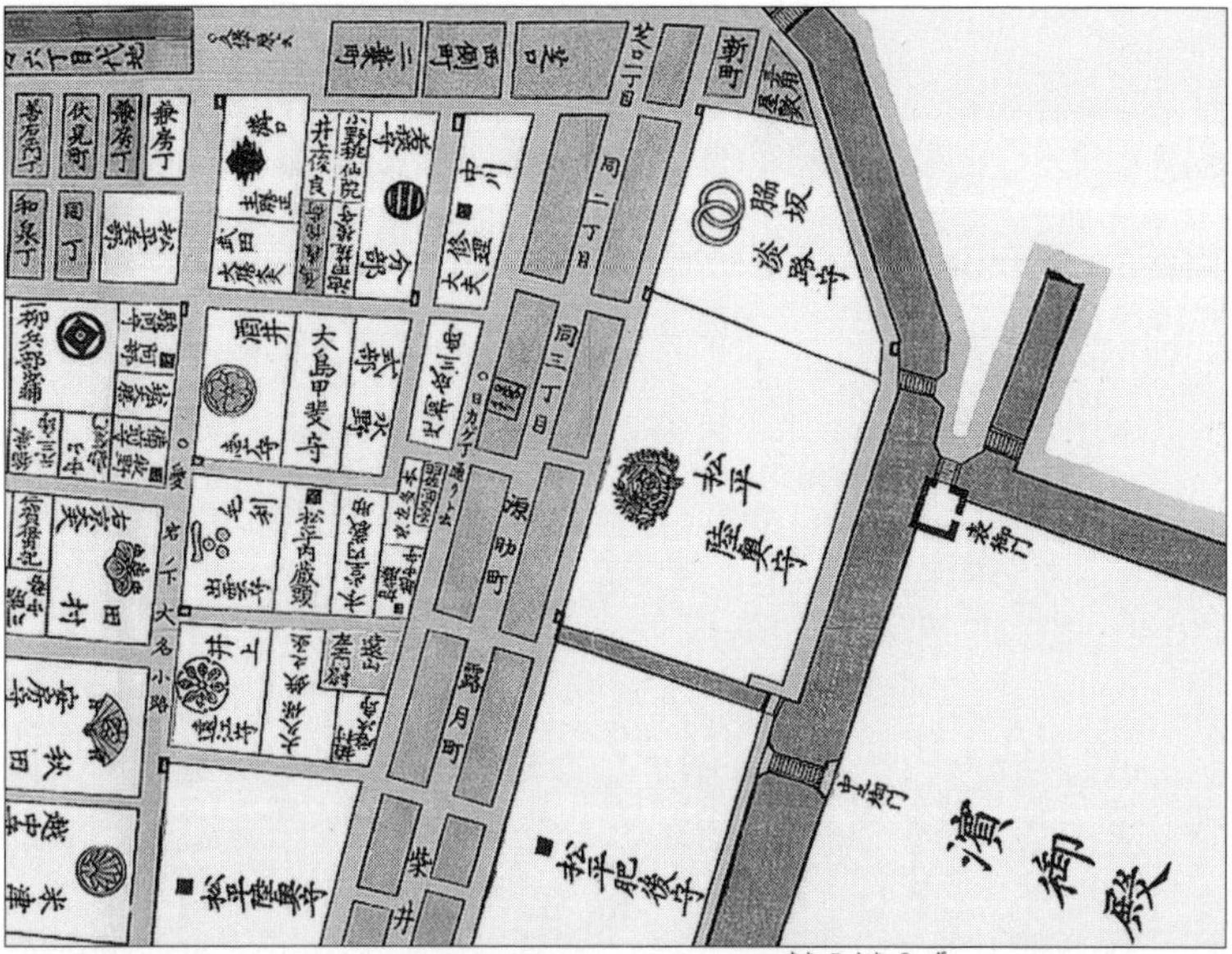

遠山家の屋敷(1850〈嘉永３〉年尾張屋版江戸切絵図「愛宕下之図《あたごしたのず》」)　遠山家の屋敷は「愛宕ノ下大名小路《だいみょうこうじ》」と「露月町《つゆつきちょう》」とのあいだ(東京都港区)にあり，「遠山左衛門尉」と記されている。景元はここで育ち，町奉行以外のときはここから登城した。

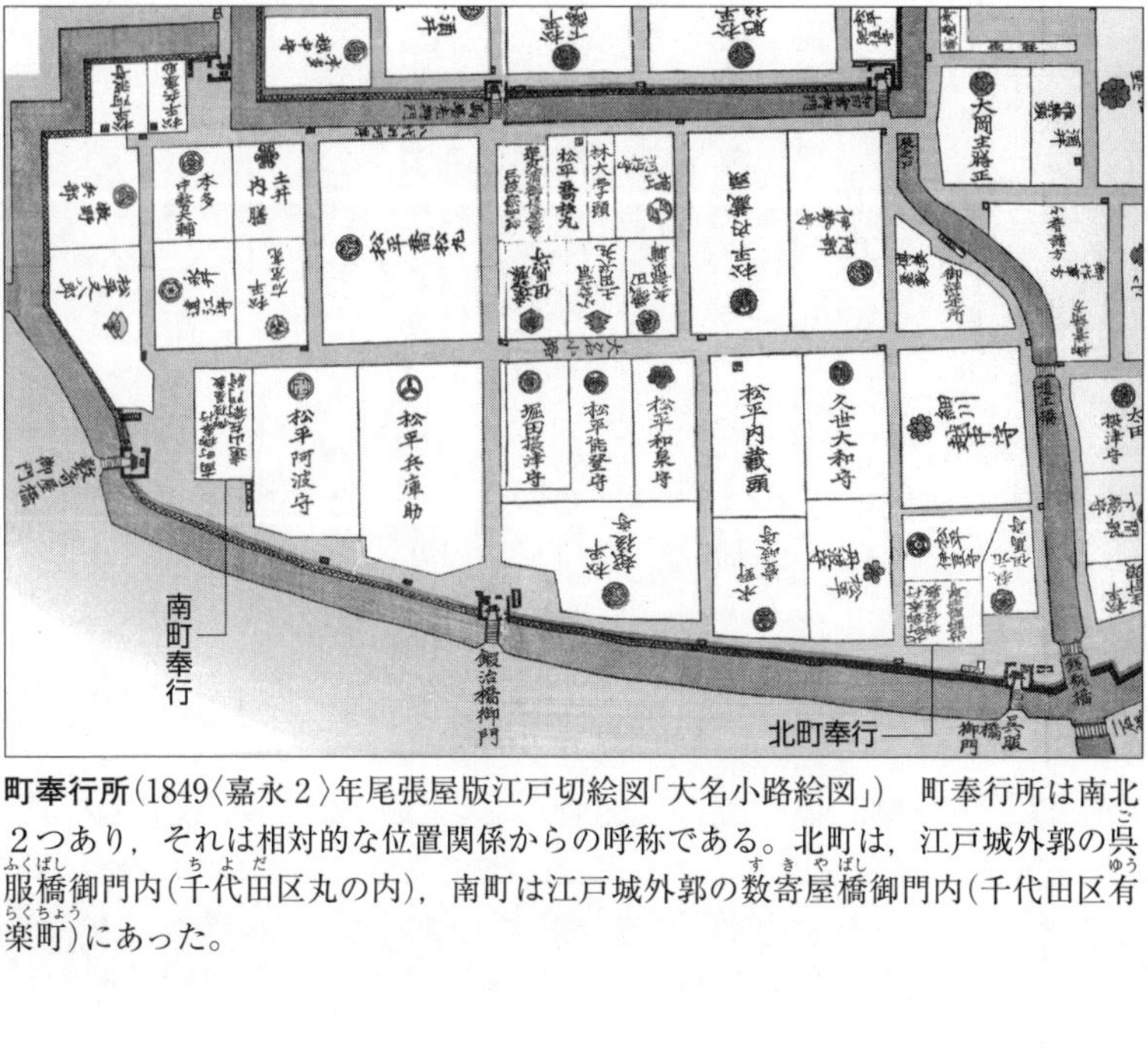

町奉行所(1849〈嘉永２〉年尾張屋版江戸切絵図「大名小路絵図」)　町奉行所は南北２つあり，それは相対的な位置関係からの呼称である。北町は，江戸城外郭の呉《ご》服橋《ふくばし》御門内(千代田《ちよだ》区丸の内)，南町は江戸城外郭の数寄屋橋《すきやばし》御門内(千代田区有《ゆう》楽町《らくちょう》)にあった。

う趣旨のことが書かれている。ところが、景元の刺青や放蕩無頼の暮しを物語るエピソードは、実は景元のものではなく、景元より前に町奉行をつとめた能《の》勢頼一《せよりかず》▲(在職は一七四四〜五三年)と根岸鎮衛《やすもり》▲(在職は一七九八〜一八一五年)のものだといわれている。その二人の町奉行にまつわる逸話があわさって、幕末から明治時代に景元のものとなってしまったというのである。

しかし、実はそのような噂《うわさ》は当時からあったのである。景元とほぼ同じ時代の大坂の医師(姓名不詳)が、江戸時代後期、十九世紀前半のおもに京坂を中心とした世相・社会についての見聞を記した『浮世《うきよ》の有様《ありさま》』のなかに、景元の刺青の話がでてくるからである。そこには、

> 金四郎は、若い時分は放蕩無頼で、家出をして吉原《よしわら》あたりで博奕《ばくち》打ちの仲間にはいって悪事を働いていたが、親兄弟がみな死んでしまい遠山の家を継ぐ者がいなくなってしまったため、親類のはからいで家督を継いだ。そのような経歴の人間なので、総身《そうみ》に刺青をしていて見苦しい。

といった内容のことが記されている。これをみると、若い時分は放蕩無頼な暮しで刺青をしていた、という景元像は、ほぼその当時から描かれていたことが

▼**能勢頼一**　一六九〇〜一七五五年。江戸中期の幕臣。肥後守《ひごのかみ》。小姓組組頭から目付をへて町奉行に昇進。俸禄米《ほうろくまい》三〇〇俵から知行六〇〇石に加増された。のちに旗奉行に異動。

▼**根岸鎮衛**　一七三七〜一八一五年。江戸後期の幕臣。肥前守《ひぜんのかみ》。勘定所の勘定から始まり、一七九八(寛政十)年に南町奉行に昇進するという異例の出世をとげた。在職は一七年におよび、評判がよかった。著書『耳嚢《みみぶくろ》』。

知られる。もちろん、親兄弟がみな死んで云々、というような事実と異なる事柄が書かれ、しかも江戸から大坂に伝えられた伝聞なので、この記事が正しいとはいえない。しかし、景元が町奉行に在職中の当時から、若いころの放蕩無頼や刺青の噂があったことは確認できるので、それらは必ずしも幕末から明治時代の創作とはいえない。

すでに説明したように景元は、数え一一歳で父景晋の次の次とはいえ遠山家の家督を継ぐことが決まっており、数え二二歳で結婚している。この点からは、実父・養父・養父の実子の存在など、景元がやや複雑な人間関係に囲まれた家庭環境のなかにいたことは事実といえ、若いころの放蕩無頼の遊び人を想定することはかなりむずかしそうである。

景元の刺青伝説

刺青はどうか。先輩の町奉行である根岸鎮衛をめぐる逸話が、景元のそれになったとされているが、『浮世の有様』にみるように、当時から景元のこととして噂されていた。時代劇に登場する景元は、ほとんどが桜吹雪の刺青をしている。そのように遠山景元と刺青は、切っても切れない付き物のようなものなので、ここでもふれないわけにはいかない。

景元の一番の見せ場は、町奉行所のお白洲《しらす》で片肌脱いで「桜吹雪」の刺青をみせて啖呵《たんか》を切り、しらを切る悪党を恐れ入れさせるシーンである。テレビなどでみる「桜吹雪」も、いつも同じ絵柄ではなく、演じる俳優によって少しずつ違いがあるという。また、ごくわずかではあるが、桜吹雪とは違う刺青をした景元も登場している。「付け馬屋おえん事件帳」(テレビ東京、一九九三年)と「夢暦《ゆめごよみ》長崎奉行」(NHK、一九九六年)に登場した景元は、「女の生首《なまくび》」の刺青をしていた。

テレビの時代劇や芝居では、刺青をしていない金四郎などとても考えられない。しかし、実在の景元が刺青をしていたのかどうか、本当のところはよくわからない。江戸時代、刺青は刑罰の一つだった。窃盗《せっとう》犯などの腕に輪のように彫られた。この刺青と混同されることを恐れた江戸幕府は、刑罰としての刺青ではない刺青を彫物《ほりもの》と表現して禁止した。上方《かみがた》では、刺青のことを「いれぼくろ」といい、江戸では「ほりもの」と呼んでいる。

幕府は、一八一一〈文化八〉年、身体にいろいろの絵や文字を彫って墨や色をいれることは、風俗にかかわるうえに、無傷の身体にキズをつけるのは恥ずべきことにもかかわらず、「伊達《だて》心」といって彫物をする若者がふえているとして、手足はもちろん総身へ彫物をすることを禁じた。しかし、この町触《まちぶれ》はさして効果がなく、彫物がいっそう流行したので、一八四二〈天保十三〉年にもふたたびだされている。とくに「鳶人足《とびにんそく》・駕籠《かご》かき」は、彫物なしでは仲間付合いができないような状況にあると指摘し、あらたに彫物をした者と彫ってやった者〈彫物師〉を逮捕するといっている。

喜田川守貞《きたがわもりさだ》▲が、江戸時代後期の三都《さんと》、すなわち江戸・京都・大坂の風俗を比較した『守貞謾稿《まんこう》』によると、鳶人足や駕籠かきで刺青をしていない者はまれで、「年老いて笑われ草と思えども、彫らねばならぬ鳶の付き合い」という狂歌《きょうか》を背中に彫った鳶人足がいたという〈岩波文庫『近世風俗志』二〉。刺青は、まさに仲間の付合いに必須のアイテムだったらしい。このように、景元の時代は刺青が流行したのである。

さて、景元の刺青の図柄については二説あった。「女の生首」説と「桜吹雪」説

▼**喜田川守貞**　一八一〇〜?。名は庄兵衛《しょうべえ》、号は舎山月光庵《しゃざんげっこうあん》。大坂で生まれ、一八四〇〈天保十一〉年に江戸に移り北川《きたがわ》家の養子となる。砂糖商を営んでいたともいわれる。

である。「女の生首」説の出所《でどころ》は、前述した旧幕臣中根香亭が一八九三(明治二十六)年に書いた「帰雲子伝」である。そこには、次のようなエピソードが語られている。江戸歌舞伎三座(堺《さかい》町・葺屋《ふきや》町・木挽《こびき》町)の一つ、木挽町森田《もりた》座の囃《はや》子方《しかた》で、景元は芳村《よしむら》金四郎という名で笛を吹いていた。そのころは血気盛んな若者で、まわりの人たちから「金」と呼ばれていたという。ある日、森田座の小屋のなかで歌舞伎台本作者の二世並木五瓶《なみきごへい》▲と喧嘩になり、景元が「何をッ」と叫んで勢いよく障子《しょうじ》をあけ放ち、並木五瓶に殴りかかろうと腕まくりしたところ、二の腕から肩にかけての刺青があらわになった。その刺青の図柄は、「断頭《だんとう》の美人髪を乱して簪《かみ》を啣《ふく》む」、つまり首から上だけの美女が髪をふり乱し、口に紙切れを噛《か》みしめている、というもの。これをみた周囲の人びとは、びっくりするやら笑いだすやらだったという。

これによれば、刺青は「桜吹雪」ではなく「女の生首」だった。「帰雲子伝」と同じ年に、明治時代の歌舞伎台本作者である竹柴其水《たけしばきすい》▲は、景元を主人公にした「遠山政談」の一つ、『遠山桜天保日記《とおやまざくらてんぽうにっき》』(『日本戯曲全集　第三十二巻　河竹新七及竹柴其水集』一九二九年)を書いた。そこに登場する景元の腕に彫られた刺青は、

▼**並木五瓶**　歌舞伎狂言《きょうげん》作者で、四世までいる。初世(一七四七〜一八〇六)は、初め大坂で名声をあげ、ついで江戸では世話物《せわもの》などの台本で活躍した。二世(一七六八〜一八一九)はその門人篠《しの》田金治《だきんじ》が襲名。

▼**竹柴其水**　一八四七〜一九二三年。明治期の歌舞伎狂言作者。本名は前田新蔵《まえだしんぞう》。江戸の生まれ。河竹黙阿弥《かわたけもくあみ》の門下で、その作風を受け継ぐ。最後の狂言作者ともいわれる。

初代市川左団次演じる大山（遠山）**左衛門尉**（『遠山桜天保日記』明治二十六〈一八九三〉年）

「生首が文《ふみ》をくわえたるぼかしの彫り物一杯《いっぱい》」と表現されている。ただ、この竹柴が描く遠山景元像は、中根香亭の「帰雲子伝」と深い関連があるといわれる。

『遠山桜天保日記』は、一八九三年に明治座で初演されている。市川《いちかわ》左団次《さだんじ》演じる遠山景元の刺青の図柄はどうだったのか、私にはわからない。ちなみに、現在の歌舞伎公演では、刺青は「桜吹雪」である。

実は、その「桜吹雪」説の出所も、同じく中根香亭が書いた『大日本人名辞書』の「遠山左衛門尉」だった。そこには、「腕に桜花の文身《いれずみ》せり」と書かれている。「桜吹雪」であるかどうかはさておき、刺青は「桜花」の図柄だったという。中根香亭が、なぜ一方では「桜花」と書き、他方では「女の生首」と書いたのか、まったくわからない。「帰雲子伝」と同じ一八九三年に出版された『水野越前守』のなかで、著者の角田《つのだ》音吉《おときち》は遠山景元の小伝を書いている。そのなかに、若い時分は放蕩無頼の生活を送り、左腕に花の刺青（「花紋を黥《げい》する」）をしていて、目付となったのち人びとはそれを恐れあやしんだという一文がある。「桜吹雪」かどうか、また「桜花」なのかどうかもわからないが、刺青の図柄は「花」であったと伝えている。このように、同じ一八九三年に、「女の生首」説と「桜吹雪」説がでていたのである。しかも、ともにその根拠は中根香亭だった。

『守貞謾稿』によると、幕末より以前には、鳶人足の背中に「女の首級、書筒《ふみづつ》をくわえるの図など、あるいは鳶組の纏図《まといず》、その他武夫戦士の図など」がよく彫られていたという。しかも彫物師の腕が未熟だったため、あまり見た目によいものではなかったともいう。幕末になると、錦絵《にしきえ》▲が精巧で美麗になるのと併行するように、刺青の技術も向上したらしい。その結果、「女の首級」などは描かれなくなり、「英雄豪傑竜蛇《りゅうじゃ》を征する図」など、豪傑の図柄を濃淡の墨や朱をまじえて五色で精巧に描くようになったという。たとえ景元に刺青があったとして、それは幕末以前に多かったありふれた図柄の「女の生首」で、しかもあまりパッとしない彫物だったようである。

　将軍からその裁判ぶりを激賞された名奉行、「一枚看板」とまでたたえられたきわめて有能な幕府役人である遠山左衛門尉景元が、「遠山の金さん」と親しみとともに尊敬の念をこめて呼ばれていたというのは、遠山景元の実像を髣髴《ほうふつ》させる。名奉行で能吏だが親しみやすい、なんとなく刺青が似合う、そんな人物だったのだろう。

▼錦絵　多色摺《ずり》の浮世絵《うきよえ》版画。色数が多く、錦のように華麗なところからその名がついた。一七六五(明和《めいわ》二)年に鈴木春信《すずきはるのぶ》が完成させ、明治期まで制作された。天保の改革では、題材や色数で厳しい規制を受けた。

②—天保の改革と遠山景元

天保の改革と江戸市中

遠山景元が、その生涯でもっとも華々しい活躍をし、伝説的な名奉行《ぶぎょう》になった背景には、一八四一(天保《てんぽう》十二)年から始まった天保の改革と呼ばれる幕府の政治改革を欠かすことができない。

天保の改革は、深刻化した内憂外患《ないゆうがいかん》の体制的な危機に対応しようとした幕藩《ばくはん》制《せい》国家の政治改革である。国内矛盾(内憂)と対外的危機(外患)が同時に深刻化したため、改革は内憂外患の両方に対応しなければならなかった。遠山景元は、幕府が重要政策を立案・決定する過程で評議に加わる三奉行の一員として、幕府のさまざまな内憂外患対応策にかかわっていた。とはいっても、景元は当時、北町《きたまち》奉行として江戸の市政・行政にあたる役人であったので、おもに将軍お膝元の江戸における内憂への対応策が中心になったことはいうまでもない。

江戸に限られない全国的なことであったが、当時は物価の高騰が大きな政治的・社会的問題になっていた。そのおもな原因の一つが、幕府の貨幣改鋳《かいちゅう》政策であった。深刻な財政危機に直面した幕府は、一八一八(文政元《ぶんせい》)年から、財政収入をふやすため元禄《げんろく》時代に採用して以来の貨幣改鋳に乗りだした。それは、八代将軍徳川吉宗《とくがわよしむね》の時代に鋳造《ちゅうぞう》され、長く使われてきた元文《げんぶん》金銀▲を文政金銀(ついで天保金銀)に改鋳する事業だった。

貨幣改鋳の中身は、貨幣に含まれる金と銀の量を減らすことだった。たとえば文政小判は、元文小判の金純分率が四六%であったものを三六%に引き下げ、文政銀も、元文銀の銀純分率四六%を三六%に引き下げた。金と銀の含有量を減らしているのに、同じ金一両、銀一匁《もんめ》として通用させる。だから、同じ量の金と銀で元文金銀より多くの文政金銀を鋳造することができるのである。手品のようである。その差額である益金《えききん》のことを出目《でめ》と呼ぶが、それが幕府の収入となった。その収益は、なんと一年に四〇〜五〇万両にもおよび、幕府財政を潤すことになった。

しかし、品位の劣る貨幣の大量発行は、当然のことながらインフレを引き起こし、物価の大幅な上昇を招いて、武士や庶民の暮しを直撃した。流通構造の大きな変化のうえに貨幣改鋳が加わって、物価は高騰し重大な政治問題となっ

▼元文金銀　江戸幕府が一七三六(元文元)年から鋳造した金銀貨。「文」の字が刻印され、文《ぶん》金・文銀あるいは文字《ぶんじ》金・文字銀という。正徳《しょうとく》金銀の品位をさげた貨幣。金貨は一七四三万両、銀貨は五二万貫《かん》鋳造された。

「**源《みなもとの》 頼光《よりみつ》公《こう》 館《やかた》 土蜘作妖怪図《つちぐもようかいをなすず》**」(一勇斎国芳《いちゆうさいくによし》筆)　1843(天保14)年8月板行。大江山酒呑童子《しゅてんどうじ》を退治した逸話で有名な平安中期の武将源頼光に仮託して，水野忠邦への民衆(さまざまな妖怪)の抵抗を描いて天保の改革を皮肉った。

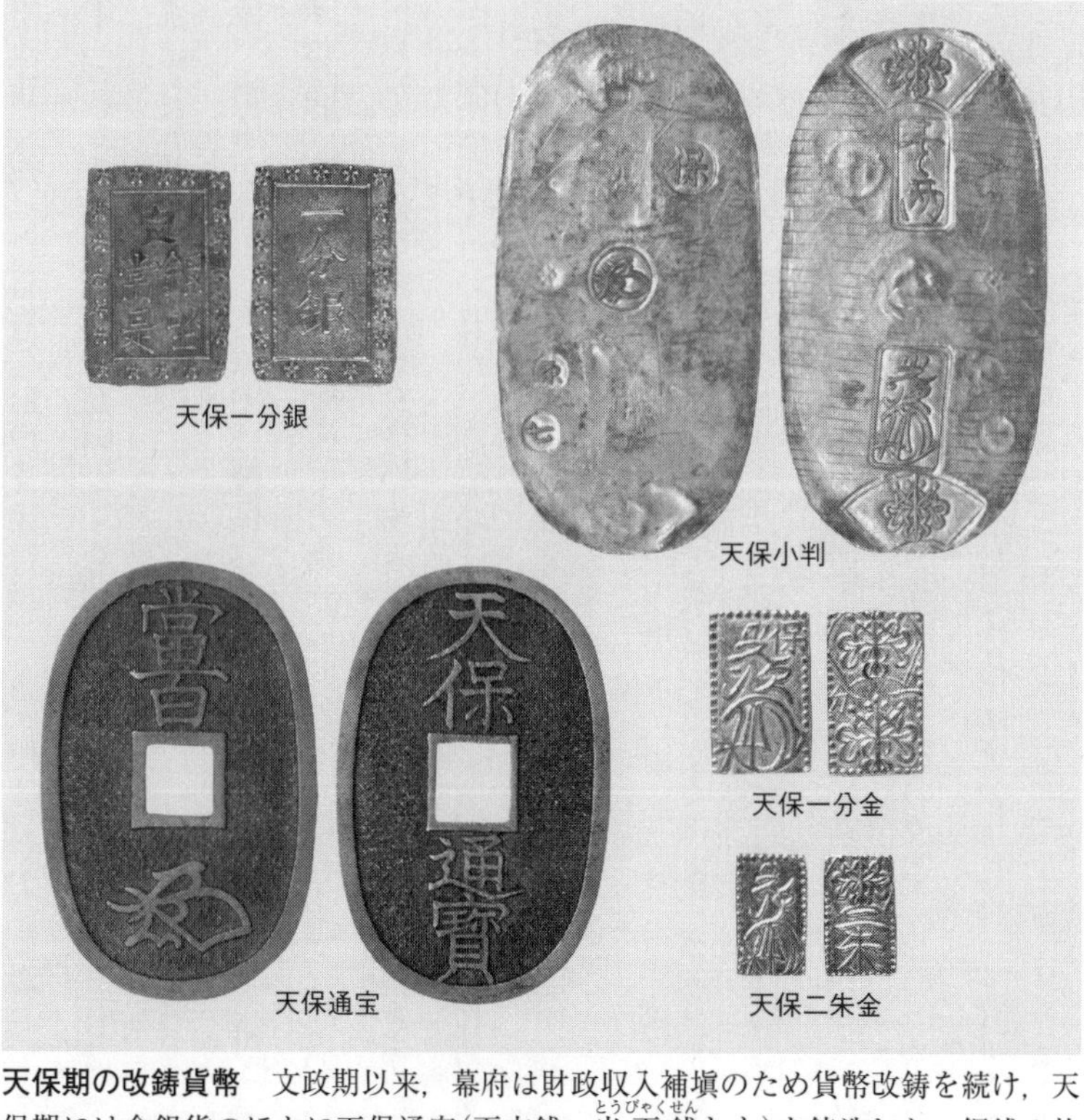

天保期の改鋳貨幣　文政期以来，幕府は財政収入補塡のため貨幣改鋳を続け，天保期には金銀貨のほかに天保通宝(百文銭・当百銭《とうひゃくせん》とも)を鋳造した。銅銭1枚100文で通用させたが，大量の贋造銭《がんぞうせん》がつくられた。

た。貨幣改鋳で潤った幕府の財政支出は増加を続けて景気を刺激し、その結果、都市を中心にしてはなやかでぜいたくな消費生活が生まれた。それは、しだいに農村部にも波及していった。

幕府は、物価が高騰した原因に奢侈《しゃし》(ぜいたく)があると判断し、町人《ちょうにん》や百姓《ひゃくしょう》身分だけではなく武士を含むすべての身分に向けて、これまでにない厳しい倹約令をだした。そのため、衣食住のすみずみにわたる奢侈の取締りが、強圧的に、しかも徹底して行われた。高価な、あるいは手間暇かけた料理や菓子類、玩具・錦絵《にしきえ》・衣類や装飾品から飼い鳥まで、さまざまに禁止を命じる触書《ふれがき》が雨《あめ》霰《あられ》とだされた。

しかし、ぜいたくを取り締まるだけで物価がさがるほど、事態は単純・簡単なものではなかった。そこで幕府は、物価引下げ令をだして売買値段を強権的に引き下げさせるとともに、市場《しじょう》や流通機構の改革に踏み込んだ。それが、一八四一年十二月の株仲間《かぶなかま》解散令である。幕府は享保《きょうほう》の改革において、物価を安定させるため市場・流通政策の一つとして株仲間▲を公認した。それ以来一〇〇年以上も採用してきた政策を、一時的に否定した。

▼**株仲間**　幕府や諸藩が認可した独占的な商工業者の同業組合。江戸幕府は当初、同業者の仲間には否定的だったが、享保期に物価の安定やぜいたく品の取締りのために仲間の結成を認可し、田沼《たぬま》時代にさらに拡大していった。

▼**江戸十組問屋**　江戸問屋仲間十組の連合体。一六九四(元禄七)年仕入れ問屋一〇組が結成し、菱垣廻船問屋を配下におき江戸市場を支配。一八一三(文化十)年十組を中心に、江戸の問屋をほぼ網羅した菱垣廻船積問屋仲間を結成し流通独占をはかった。

当時の株仲間は、完全に営業を独占する特権的組織であった。一八一三(文化十)年、幕府は冥加金《みょうがきん》一万両の上納《じょうのう》と引換えに、江戸十組問屋《とくみどんや》▲を中核に、菱垣廻船《ひがきかいせん》積問屋仲間六五組一九九五人に株札《かぶふだ》を交付して、以後の新規加入を禁止したからである。幕府は、株仲間商人が営業独占の特権を悪用して不当に物価を吊り上げていると判断して、株仲間の解散を命じた。江戸の十組問屋だけではなく、価格を人為的に操作する可能性のあるすべての仲間や同業者の組合に解散を命じ、さらには問屋の名称の使用すら禁止した。幕府は、自由な流通と取引によりおのずと物価がさがる、と見込んだのである。

内憂外患の深刻化とともに社会の緊張も強まり、政治や社会への批判や風刺が多くなった。解散させた書物問屋仲間にかわり、出版物を事前に検閲する制度の採用など、広い意味での文化への締付けは厳しかった。また同時に、社会の乱れた風俗を矯正《きょうせい》するという名目で、とくに民衆文化への厳しい統制が行われた。それは、好色本《こうしょくぼん》▲・人情本▲・合巻《ごうかん》▲の禁止や内容への介入のみならず、寄席《よせ》の撤廃、歌舞伎芝居小屋の移転策となって具体化されていった。

さらに、江戸の人口を減らすことがはかられた。凶作が引き起こす米価の高

▼**好色本**　近世文学で、好色的な生活や風俗を素材にして描写した本。とくに井原西鶴《いはらさいかく》の『好色一代男《こうしょくいちだいおとこ》』『好色一代女』などの好色物をさすが、ここでは広義のジャンルをさす。

▼**人情本**　町人の生活、とくに恋愛を主題とした婦女子向けの風俗小説。為永春水《ためながしゅんすい》の『春色梅児誉美《しゅんしょくうめごよみ》』に始まる梅シリーズで確立し、天保年間(一八三〇〜四四)が全盛期で、明治初期まで続いた。天保の改革で弾圧を受けた。

▼**合巻**　草双紙《くさぞうし》の一種。美濃紙《みのがみ》半裁二つ折りで、従来からの五丁一冊のものを合冊した製本様式の名称。文化年間(一八〇四〜一八)以降に流行。伝記的・娯楽的な内容が多く、柳亭種彦《りゅうていたねひこ》『修紫田舎源氏《にせむらさきいなかげんじ》』が代表的作品。

騰、さらに飢饉《ききん》は、下層住民の生活のみならずその生存すらおびやかし、社会不安や騒動の引き金となった。天保の飢饉を体験した直後の天保の改革では、農村の人口を回復させ、江戸の人口を減少させる政策がとられた。それは、農村からはいりこんだ住民を強制的に故郷へ帰らせようとする「人返《ひとがえ》しの法」としてあらわれた。また、必ずしも人口を減らすためだけの政策ではなく、物価引下げや風俗の矯正ともかかわり、下層住民の生業であった「床見世《とこみせ》▲」の強制撤去策もとられようとした。

改革の開始と江戸の町

江戸市中に向けて行われようとした改革政策に対して、真向うから反対し、抵抗したのが、北町奉行の遠山景元と南町《みなみまち》奉行の矢部定謙《やべさだのり》▲だった。幕府政治機構のトップである老中《ろうじゅう》が断行しようとする江戸市中の改革政策を、その指揮のもとで江戸の市政・行政を担当する町奉行が具体化するのは当然のことである。ところが、事態はそうではなかった。改革を断行し、推進しようとする老中水《みず》野忠邦《のただくに》▲と、それに抵抗する町奉行遠山景元・矢部定謙という対立が、江戸の市

▼**床見世**　床店とも書く。露店の一種。掛床・たたみ床などの種類があり、床・屋根・庇《ひさし》などを備えるが、移動や撤去が可能。小間《こま》物《もの》や簡単な飲食物を商い、江戸の盛り場や広小路・寺社参道などに多かった。

▼**矢部定謙**　一七九四〜一八四二年。江戸後期の幕臣。駿河守《するがのかみ》。堺奉行、大坂町奉行をへて勘定奉行から南町奉行となる。大坂町奉行のときに名奉行といわれたが、のちに大塩平八郎《おおしおへいはちろう》に厳しく弾劾された。

▼**水野忠邦**　一七九四〜一八五一年。江戸後期の幕府老中。浜松《はままつ》藩主。越前守。一八三四(天保五)年に本丸老中。徳川家斉《いえなり》の死後、内憂外患の幕藩体制の危機に対応しようと天保の改革を推進したが失敗、一八四三(天保十四)年老中を罷免された。

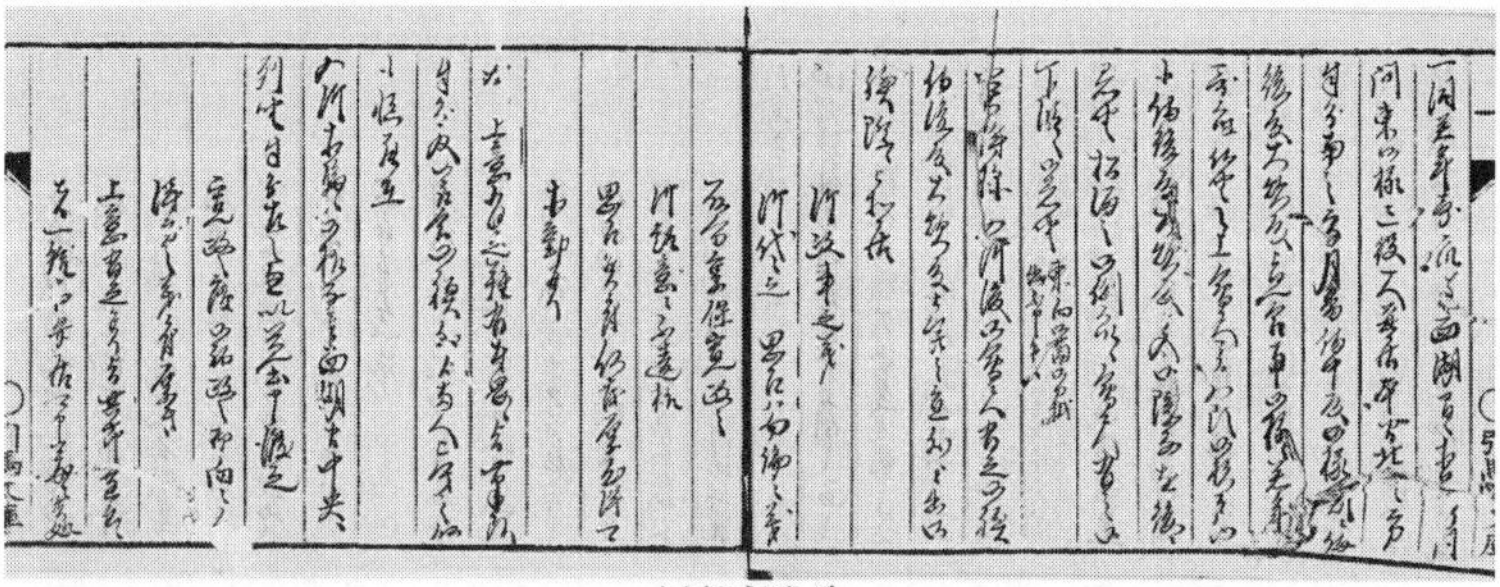

天保改革令　水野忠邦の公用日記「辛丑日簿《しんちゅうにちぼ》」の天保12(1841)年５月15日条。将軍徳川家慶の改革に関する上意が幕府諸役人に伝えられた記事がみえる。

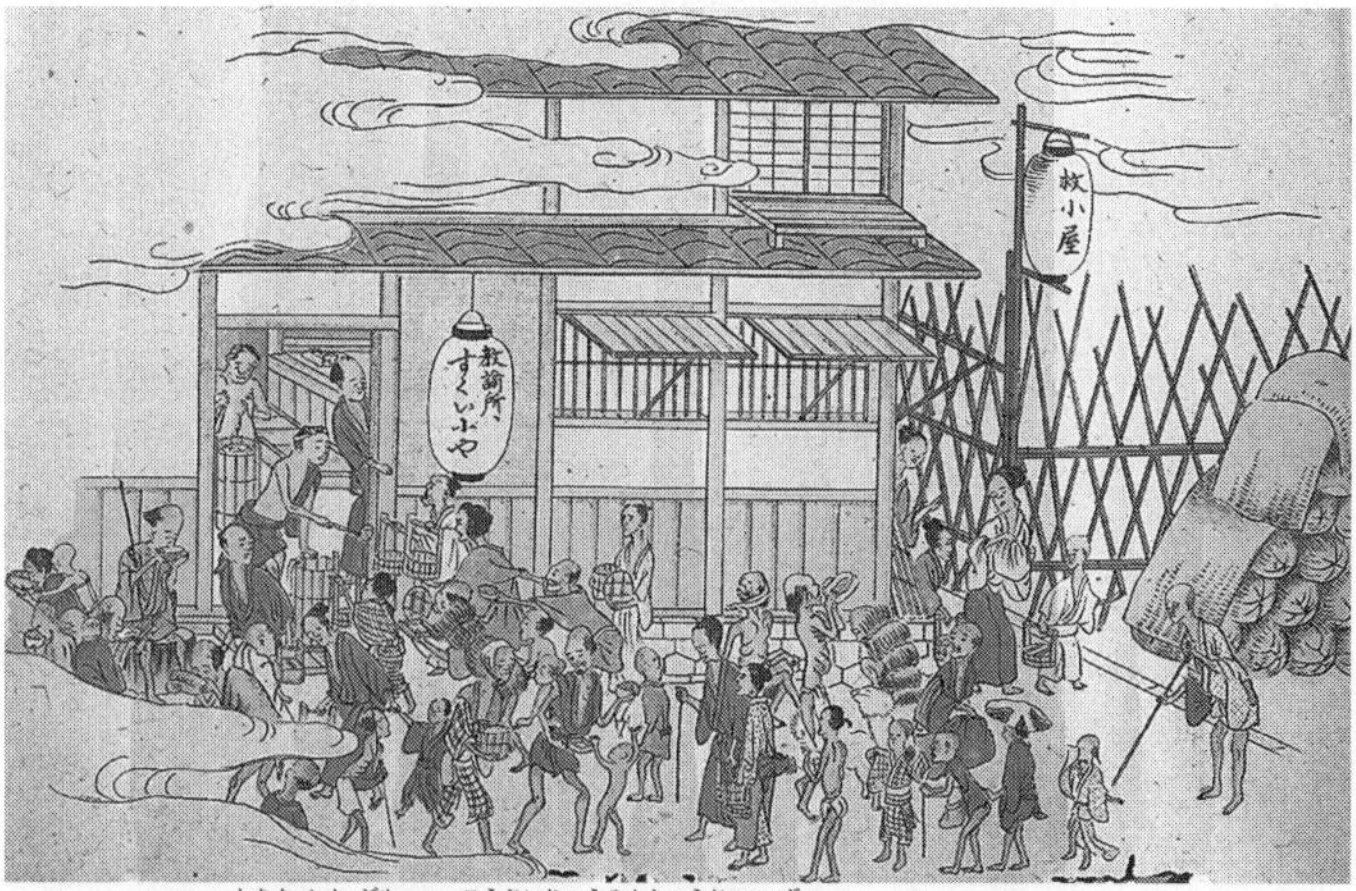

お救い小屋(渡辺崋山《わたなべかざん》筆『荒歳流民救恤図《こうさいりゅうみんきゅうじゅつず》』)　幕府は，天保の飢饉の深刻化をうけ，江戸での騒動の発生を防止するため，神田佐久間町《かんださくまちょう》(千代田《ちよだ》区神田)などに21棟の小屋を建て，飢人を収容した。

水野忠邦肖像

政をめぐって生まれた。水野忠邦の天保の改革に対して、町奉行が有力な抵抗勢力となって立ちはだかったのである。これこそが、「遠山政談《せいだん》」「金四郎《きんしろう》伝説」を生み出す構図である。

一八四一(天保十二)年五月、天保の改革令がだされ、江戸市中にもふれられた。享保・寛政《かんせい》の世を手本とし、その時代に引き戻すことを宣言した。大名以下には、質素倹約の励行を求め、江戸市中には奢侈な風俗を改めることが命じられた。質素倹約、奢侈取締り、ぜいたくの禁止が始まったのである。

天保の改革令がでて二カ月もたつと、その深刻な影響が江戸市中のさまざまなところにあらわれてきた。町奉行所では、奉行所の同心《どうしん》▲に市中をまわらせて、市中にどのような影響がでているのかを調査させた。すると、江戸市中にはかつてない深刻な事態が起こっていることが、あいついで報告されてきた。一言でいえば、深刻な不景気である。なかでも、江戸を代表する大店《おおだな》の呉服商越後《えちご》屋▲・大丸《だいまる》屋▲・白木《しろき》屋▲は、急激な売上げ不振になり、江戸の不景気を象徴した。

同心たちは、呉服店の一八四〇(天保十一)年六月と四一年六月の売上高を調査した。現代風にいえば、前年同月との比較による景気判断であろう。売上げ

▼**同心**　江戸町奉行所の役人。南・北町奉行あわせて二〇〇人(幕末に二八〇人)。与力の指揮下で奉行所の行政事務と警察任務にあたった。俸禄《ほうろく》三〇〜七〇俵の御家人《ごけにん》で、八丁堀《はっちょうぼり》に組屋敷をあたえられた。

▼**越後屋**　江戸日本橋駿河《にほんばしするが》町にあった三井家《みついけ》経営の呉服店。三越《みつこし》の前身。一六七三(延宝《えんぽう》元)年に三井高利《たかとし》が、江戸本町《ほんちょう》に開いた店が始まり。「現金掛け値なし」の商法で発展した。

▼**大丸屋**　呉服商。大文字屋下《だいもんじやしも》村彦右衛門《むらひこえもん》が、一七一七(享保二)年に伏見《ふしみ》で呉服店を開店したのが始まり。大坂・名古屋・京都に出店し、一七四三(寛保《かんぽう》三)年に江戸に進出。正札《しょうふだ》付き現金売りでおおいに発展した。

▼**白木屋**　呉服商。近江《おうみ》商人木《き》村彦太郎《むらひこたろう》が、一六六二(寛文《かんぶん》二)年江戸日本橋に小間物の店を開店し

の落込みは、一番少なかった大丸屋で前年同月比二三%、越後屋向店《むこうだな》で三三%、越後屋本店《ほんだな》で約四〇%、白木屋にいたっては七三%の売上げ減となっている。

江戸では、中小の呉服商や古着屋も軒並み販売が不振になり、裕福な町人たちは、幕府を憚《はばか》って家屋の新築などを見合わせたため、大工をはじめとする土木・建築関係の職人たちは仕事がなくなった。また、人びとは遊びにでかけることも躊躇《ちゅうちょ》したため、彼らを客とする両国《りょうごく》辺・芝居町・吉原《よしわら》町などの盛り場や遊所《ゆうじょ》、茶屋《ちゃや》、料理屋などの高級飲食店、さらに人びとの遊興にかかわるさまざまな商売人たちも、客足が遠のいて営業がむずかしくなってしまった。

このような事態になったため、今年の冬ごろにはどうなってしまうのかと悲観する町の声を、同心は報告している。金座御金改役《きんざおかねあらためやく》▲後藤三右衛門《ごとうさんえもん》▲も、老中水野忠邦に差しだした意見書のなかで、江戸市中の深刻な様相を伝えている。このような状態が二、三年も続いたら、下層の町人は生活できなくなって江戸から他国へ逃げだす事態になるだろうと推測されていること、四、五年前まで続いた天保の飢饉▲のときよりも町人の渡世《とせい》はむずかしいとまでいわれているこ

たのが始まり。薄利正直を掲げ、日本橋・馬喰《ばくろう》・市ケ谷《いちがや》・富沢町《とみざわちょう》に店を構える大店に発展。

▼**金座御金改役**　幕府発行の金貨鋳造の責任者。後藤庄三郎光次《みつつぐ》が慶長金《けいちょうきん》の鋳造を総轄して以来、後藤家が金改役として、小判師《こばんし》が鋳造した小判・一分金《いちぶきん》を検定し極《ごく》印《いん》を打った。

▼**後藤三右衛門**　一七九六〜一八四五年。江戸後期の金座御金改役。名は光亨《みつあきら》。幕府の貨幣改鋳政策の中心的な役割を果たし、「水野忠邦の三羽烏」といわれた側近。しかし、政治誹謗の罪で一八四五(弘化《こうか》二)年処刑。

▼**天保の飢饉**　一八三三(天保四)、三五〜三七(同六〜八)年の冷害による凶作を契機とした前後六年におよぶ飢饉。享保・天明《てんめい》の飢饉とならぶ三大飢饉。多数の餓死者や流民が生じ、大塩事件、一《いっ》揆《き》・打ちこわしが激発し幕藩制社会を動揺させた。

と、などを書いている。

改革令が江戸に深刻な不景気をもたらしたことは、もはや誰の目にも明らかになった。その不景気は、町人の暮しを脅《おびや》かすにとどまらず、営業と生活が成り立たなくなる可能性すら生まれてきたほど深刻なものだった。江戸に生まれたこのような事態は、老中水野忠邦の狙いどおりだったろう。しかし、江戸の深刻な事態を目の当りにした遠山景元は、町奉行として事態を打開するために水野の政策に抵抗を始めた。

景元と老中水野忠邦との対立

一八四一(天保十二)年九月、遠山景元は、江戸市中の改革のあり方について、水野忠邦に伺書《うかがいがき》を提出した。そのなかで、三年前に衣食住のぜいたくを禁止する詳細な内容の触書がだされたにもかかわらず、その触書が守られなかった理由は、武家《ぶけ》を禁制《きんせい》の対象からはずしたからだと、触書そのものがもつ欠陥を指摘する。遠山は、武家のぜいたくすぎる風俗が町人たちに悪影響をあたえている、とみていた。武家が質素になれば、商人が高価なものをつくったり仕入れたりしなくなる、だから武家がぜいたく品を注文することを禁止すべきだと主張したのである。遠山は、ぜいたくすぎる風俗の責任を町人だけにおわせず、武家と欠陥のある触書をだした幕府の責任も論じているのである。

ぜいたくは町人だけではなく武家だってそうなのだ、町人だけが悪いのではない、といいたかったのである。そこで、今後は武家もぜいたく禁止の対象にし、さらに、町人に対しては、品目などいちいち詳細な禁止項目を書き上げた触書ではなく、これまでだされた触書をきちんと守り、身分不相応なぜいたくをしてはならない、というような、かなり一般的な内容の触書にとどめるべきだと主張した。

遠山は、そのように主張した理由を説明している。町人たちは、今回のぜいたく禁止令をあまり窮屈に考えないで、祭礼とかお祝いごとはもちろんのこと、衣食住の全般にわたってなにごとも身分や身のほどにふさわしくすればそれでよい、歌舞音曲《かぶおんぎょく》などの遊芸人も、すべて駄目だということではない、とにかく江戸で暮す者は、自分勝手なぜいたくをしないようおたがいに申しあわせるようにすればよい、これが理由だという。

遠山景元がもっともいいたかったのは、「町人たちは、江戸がにぎわうように心がけろ。江戸市中が寂しくなったのでは、将軍のご仁政《じんせい》の趣旨にもあわない」である。つまり、とにかく江戸はにぎやかで繁栄していなければいけない、ということである。おのおのの身分や財力にふさわしい暮し方と、江戸の繁栄の維持、これが遠山の基本的な考え方だった。

この遠山の伺書を受け取った老中水野忠邦は、激怒した。水野は早速、改革政治に非協力的な、あるいは抵抗するような奉行ら諸役人の更迭《こうてつ》を求める、非常に激しい口調の伺書を将軍徳川家慶《いえよし》に差しだした。そのなかで、名指しこそしなかったが、遠山をやり玉にあげて激しくその考え方を非難している。

水野は、遠山の主張を次のようにまとめている。「厳しくぜいたくを取り締まり質素倹約を強制すると、江戸市中はさびれてしまう、そうすると、諸国から大勢の人びとが集まってくる大都会江戸にふさわしくない光景が生まれ、徳川家と幕府についてあれこれ悪い噂《うわさ》が立つことになる、そうならないためにも、江戸はとにかく繁栄しにぎやかにしておかなければならないので、ぜいたくの取締りに手心を加えたい」。

江戸の繁栄を守るため取締りに手心を加える、という遠山の考え方に対して、そのようなことでは、ぜいたくが引き起こす弊害が頂点に達している現状の改革などできるはずがない、と水野忠邦は激怒した。水野は、たとえ江戸がさびれきり、商売が成り立たなくなって商人や職人が離散してしまったとしても、いささかも意に介すことなく厳しく取り締まるくらいでなければ、改革できるはずがない、と主張した。そこで将軍に、遠山のような非協力的な役人、改革に抵抗する奉行らの罷免を強く求めたのである。

遠山と水野は、江戸の繁栄を守るため改革に手心を加えるのか(遠山)、たとえ江戸がさびれきったとしても厳しく改革を断行するのか(水野)、というもっとも基本的なところで真向うから対立してしまった。水野は、当然のことながらさきほどの遠山の伺書を採用せず、取り締まるべき具体的な品目名をあげた一〇カ条におよぶ町触案《まちぶれあん》▲を作成し、それを江戸市中に触れ流すよう遠山に命じている。それと同時に、改革政治に協力しないで抵抗する町奉行の失脚をひそかに画策した。

遠山は奉行の模範とまで将軍から褒《ほ》められ信任が厚いので、いかに老中水野

▼**町触案**　幕府が江戸市中にだす法令の案文《あんぶん》。狭義には、全国を対象とした惣触《そうぶれ》以外の江戸市中を対象とした触書。町奉行の独自の権限と判断でだすことが多いが、老中からの指示、あるいは協議によるものもあった。

忠邦とはいえこれを罷免することはむずかしい。そこで水野は、同じく改革に非協力的な南町奉行矢部定謙の失脚をはかった。その口実をつくるため、五年も前の一八三六(天保七)年ごろの事件が蒸し返され、一八四一年十一月に評《ひょう》定所《じょうしょ》での審理が始まった。その事件とは、南町奉行所の与力《よりき》・同心が、天保の飢饉のさいに江戸市中の住民を救済するための米をめぐり不正を働いた、というものである。その当時、勘定《かんじょう》奉行だった矢部は、管轄違いの疑惑をひそかに南町奉行所同心に調査させた。これは筋違いの行為だが、南町奉行になってからはその事件の真相を究明しようとしなかったのは不正なやり方だ、とがめられたのである。この結果、矢部は同年十二月に南町奉行を罷免されてしまった。

なお矢部は、この評定所の審理のさなか、本来なら謹慎しているべきなのに、これは冤罪《えんざい》だと知人に訴えたり、政治や諸役人を批判したりしたのを問題視された。矢部定謙は「不届きの至り」と処断され、一八四二(天保十三)年三月、桑《くわ》名《な》藩松平《まつだいら》家へ永預《えいあず》け▲となって禁錮《きんこ》され、旗本矢部家は改易《かいえき》▲処分となった。改革政策への抵抗は、町奉行罷免にとどまらず改易処分にまでいたった。改革反

▼**永預け**　「ながあずけ」ともいう。江戸時代、御目見以上、五〇〇石以上の武士に対する刑罰。入牢させるかわりに、大名に預けて監視させた。赦《ゆるし》がなく終身刑だった。

▼**改易**　主従関係を断絶させ、家臣《かしん》としての身分を剥奪する刑罰の一つ。幕府法では、家屋敷を没収し武士身分を奪うことであるが、大名・旗本《はたもと》らの領知を没収する刑罰も俗には改易といった。

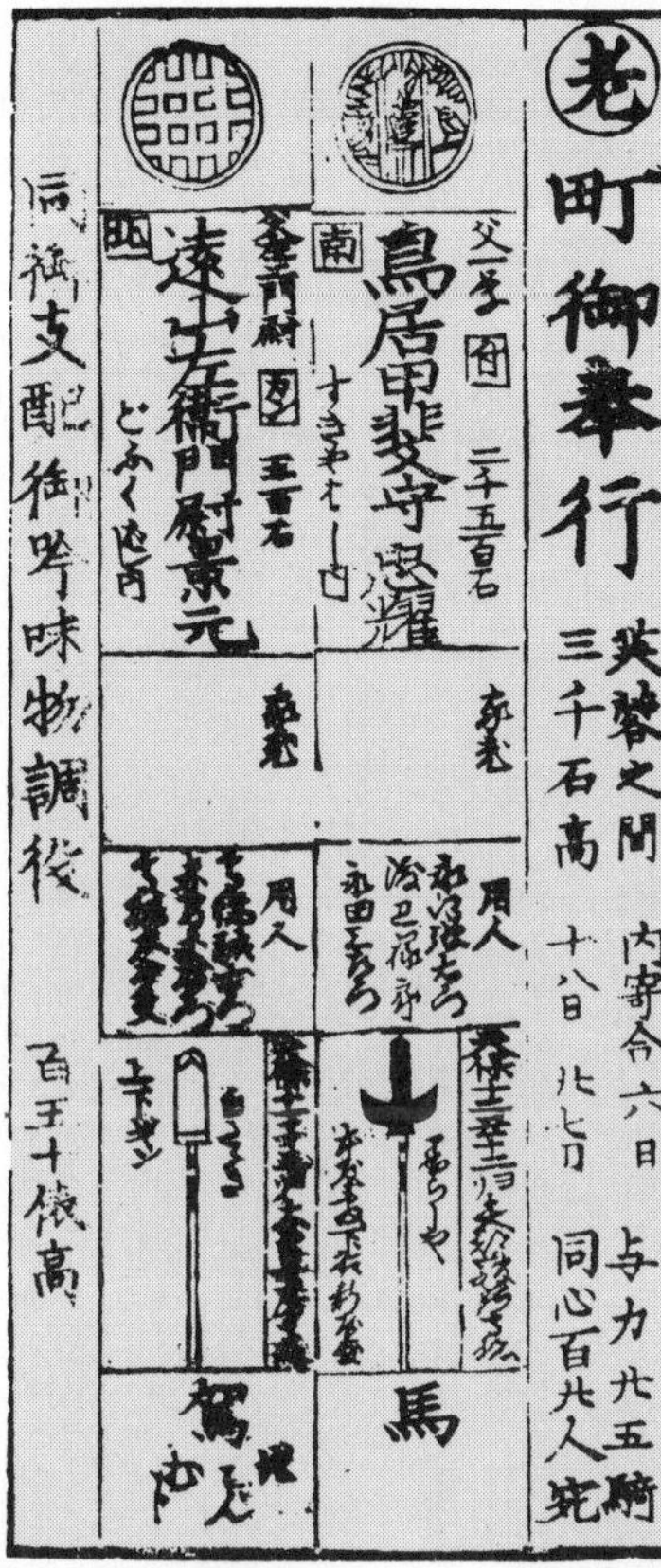

『武鑑《ぶかん》』　一八四二(天保十三)年刊行の大名と幕府役人の名鑑である『武鑑』の一部。南町奉行の鳥居甲斐守忠耀《ただてる》と北町奉行の遠山左衛門尉景元がならんで記載されている。

遠山景元の墓　法華宗《ほっけしゅう》徳栄山《とくえいざん》本妙寺《ほんみょうじ》。江戸時代は本郷丸山《ほんごうまるやま》にあったが，現在は東京都豊島《としま》区巣鴨《すがも》5丁目。

鳥居耀蔵の墓　曹洞宗《そうとうしゅう》諏訪山《すわさん》吉祥寺《きちじょうじ》。東京都文京《ぶんきょう》区本駒込《ほんこまごめ》3丁目。

対派への見せしめであり、矢部にとってまことに過酷な結末になった。ちなみに矢部は、この処罰と処分に納得せず、抗議の意味をこめてお預け先の桑名で絶食して死んだという。

五年も前の事件を蒸し返して矢部定謙を罷免、さらには永預け、改易という重罰を科したのは、明らかに改革に抵抗する矢部の失脚をはかった謀略であった。この事件の吟味に加わっていたのが、目付《めつけ》の鳥居耀蔵《とりいようぞう》▲だった。その鳥居は、矢部が罷免された後任の南町奉行に就任した。つまり、水野と水野の信任厚い鳥居とがくんだ謀略だったのだ。これは、改革に真向うから抵抗する遠山景元への警告であり、強い圧力でもあった。

鳥居耀蔵は、金座御金改役後藤三右衛門、および天文方《てんもんかた》▲渋川六蔵《しぶかわろくぞう》▲とともに「水野忠邦の三羽烏《さんばがらす》」とうたわれた人物であった。のちに、江戸の市民からは、「耀甲斐《ようかい》」（鳥居の通称、耀蔵の「耀」と、官職名の甲斐守《かいのかみ》の「甲斐」をとったもの）すなわち「妖怪」と恐れられ、蛇蝎《だかつ》のごとくきらわれた。

こののち、水野忠邦―南町奉行鳥居耀蔵と北町奉行遠山景元との熾烈な戦いが、江戸市中の改革をめぐって繰り広げられた。この水野忠邦、とくに鳥居耀

▼鳥居耀蔵　一七九六〜一八七三年。江戸後期の幕臣。名は忠耀《ただてる》。甲斐守。大学頭《だいがくのかみ》林述斎《はやしじゅっさい》の子。目付のときに蛮社《ばんしゃ》の獄《ごく》で洋学者《ようがくしゃ》を弾圧し、天保の改革では南町奉行として厳しく取り締まり、「妖怪」（耀甲斐）と恐れられた。

▼天文方　江戸幕府の職名。一六八四（貞享《じょうきょう》元）年の貞享暦以降、暦の編成を担当。渋川春海《しゅんかい》以来、渋川・猪飼《いかい》・西川《にしかわ》・山路《やまじ》・吉田《よしだ》・奥村《おくむら》・高橋《たかはし》・足立《あだち》の八家が世襲。一八一一（文化八）年に蛮書《ばんしょ》和解《わげ》御《ご》用《よう》がおかれ、洋書や外交文書の翻訳にあたった。

▼渋川六蔵　一八一五〜五一年。江戸後期の幕臣。天文方の学者。水野忠邦により書物奉行に抜擢され天保の改革に参画。海外知識の民間への流布を取り締まることを主張。オランダ国王親書翻訳の機密漏洩で処罰。

蔵という、いわば敵役《かたきやく》の存在こそが遠山景元をきわだたせ、伝説的な名奉行を生み出す重要な要因となった。

③——改革諸政策をめぐる対立

寄席の撤廃をめぐって

現在は、落語や漫才などを興行するところに「寄席《よせ》」という字をあてるが、江《え》戸《ど》時代は、「寄場」と書き、ただ「寄《よせ》」と書くこともある。寄席で演じられる芸能は、現在の寄席と比べると多様である。落とし咄《ばなし》といわれた落語はもとより、手品(手技)、ガラスに描いた人や動物の絵を灯りにより障子《しょうじ》や白布にうつす影《かげ》絵《え》、軍書《ぐんしょ》などを読む講談、顔の上半分くらいの大きさの紙に髪の毛や眉を描き、目の部分をくりぬいた仮面をつけて、面相《めんそう》をいくとおりも変えてみせる百眼《ひゃくまなこ》、八人の声色《こわいろ》を演じ分ける声帯模写《せいたいもしゃ》である八人芸、物まね、浄瑠璃《じょうるり》(とくに女《むすめ》〈娘〉義太夫)、人形もまじえた人形浄瑠璃、小唄《こうた》など多彩な演芸が行われた。寄席は、三味線《しゃみせん》や鐘《かね》・太鼓《たいこ》などの鳴り物の音が響くにぎやかな風景だった。

寄席の興行は、昼席と夜席があり、夜は午後七時から十時ごろまでやっていた。歌舞伎芝居が、朝から夕方までの日中のみの興行だったのに比べると、夜間の興行が特徴だった。入場料は、通常は銭一六文《もん》から二八文、下足札《げそくふだ》が四文、

▼**裏店**　町屋敷の裏側につくられた下層民用の借家。表店に対する語で、多く長屋だったので裏長屋ともいう。住民は裏店借《うらたながり》と呼ばれ家守《やもり》に管理された。間口《まぐち》九尺《しゃく》（約二・七メートル）、奥行二間《けん》（約三・六メートル）の広さが標準で零細商人・職人や日雇い人足が住んだ。

裏長屋（『浮世床』）

座布団・煙草盆《たばこぼん》が四文、中入《なかい》りに売られるくじが十五、六文だから、銭五〇文あれば一夕を楽しむことができた。ちなみに、歌舞伎芝居の見物には、十九世紀初めごろに金一両二分《ぶ》は必要だったという（『世事見聞録《せじけんもんろく》』）。寄席は、料金は安く、しかも夜間に興行していた。

　江戸市中の寄席の数は、一八一五（文化《ぶんか》十二）年に七五軒、二八、二九（文政《ぶんせい》十一、十二）年に一二五軒、四一（天保《てんぽう》十二）年に町奉行所《まちぶぎょうしょ》管内で二一一軒、寺社奉行所支配地（寺社の境内地）で二二軒あった。一町に一カ所、あるいは二、三カ所ともいわれたほど、その数は多かった。常設の寄席は、十八世紀末に、初代三笑亭可楽《さんしょうていからく》が江戸下谷《したや》に落語の席を開いたのが最初といわれるので、十九世紀前半の文化・文政期（一八〇四～三〇）から天保期（一八三〇～四四）にかけて急増したらしい。

　寄席の客はどのような人びとであったか。『江戸繁昌記《はんじょうき》』や町奉行所同心《どうしん》の調査によると、江戸見物や多くは訴訟のため江戸に来ている地方の人びと、藩主の参勤交代《さんきんこうたい》のお供で江戸にやってきて、江戸藩邸《はんてい》のお長屋《ながや》に暮す藩士など田舎《いなか》の人、横町《よこちょう》のご隠居さん、番頭《ばんとう》さんや手代《てだい》など商家の奉公人《ほうこうにん》、裏店《うらだな》▲住まいの住民などなどが、江戸っ子も田舎者も、性別も年齢も問わず客席にひしめいていた。上級の武家《ぶけ》や大店《おおだな》の主人といった階層の人びとではなく、中・下層の町人や田舎者が中心の、まさに庶民の娯楽の場であった。

寄席でもっとも人気のあったのが、女(娘)義太夫と人形浄瑠璃だった。町奉行所は、風俗上の問題があるとの理由で、町家の娘が寄席にでて浄瑠璃を語ることを繰り返し禁止してきた。ところが人気が高まる一方だったため、一八四一年十一月、遠山景元は、取締りを強化するため、触書《ふれがき》に違反して女義太夫をだしている寄席の営業禁止と、女義太夫の逮捕を老中《ろうじゅう》に伺い出た。水野忠邦《みずのただくに》は、遠山の取締り案は手ぬるいと判断し、寄席そのものを禁止するよう遠山に指示した。すべての寄席の営業禁止策が打ち出されたのである。

この水野の指示に対して、遠山はすぐに反論した。寄席を渡世《とせい》の場とする芸人と、寄席を楽しむ観客の両面から激しく反対論を展開した。芸人については、彼らの生活の維持という点から反対している。浄瑠璃語りや人形遣《つか》いは、寄席にでることは厳しく禁止されているが、「遊民《ゆうみん》」とはいえ芝居への出演、および婦女子への教授は禁止されていない、軍書講談は勧善懲悪《かんぜんちょうあく》・仁義忠孝《じんぎちゅうこう》を語って庶民教化に役立っている、などと擁護する。そして、寄席を禁止されたら彼らは生活の手段を失い、しかも急に農民や商人になることは無理なため、困窮に迫られて悪事をしでかす恐れがあるので、今までどおり彼らが寄席にでることを認めるべきだ、と主張している。

観客については、彼らの娯楽の必要性から、寄席の存続を求めている。遠山は、寄席の客は、大工・左官をはじめとする諸職人、日雇《ひやと》い稼《かせ》ぎ、棒手振《ぼてふり》と呼ばれた野菜や魚の行商人《ぎょうしょうにん》、商家の奉公人たちである、彼らは歌舞伎芝居を観たり吉原《よしわら》で遊べるような裕福な者たちではなく、一日中働いた疲れを癒《いや》したり、雨天で働けない日の退屈しのぎに、わずかにあまったお金で好きな芸能を観たり聞いたりして楽しんでいるのであり、寄席は下層町人の最上の娯楽の場なのだ、と主張している。律儀《りちぎ》な下層住民のささやかでしかも健全な娯楽の場を奪ってはならない、ということであり、遠山景元の下情に通じた名奉行のイメージがよくあてはまる。

江戸の寄席は全廃をまぬがれたものの、遠山の奮闘むなしく、営業開始の古い順に町奉行所支配地で一五軒、寺社奉行支配地で九軒だけしか営業を許されなかった。さらに興行は、民衆教化に役立つという理由から、軍書講談・神道《しんとう》講釈《こうしゃく》・心学《しんがく》▲・昔話の四種に限定された。この演目では、寄席にそれほどの客がくるとは思えない。なお、天保の改革が頓挫《とんざ》した一八四四(弘化《こうか》元)年以降、寄席は、軒数の制限も興行内容の制約も撤廃されて復活し、以前に増して隆盛した。一八四五(弘化二)年の寄席軒数は、七〇〇軒にまで増加したという。

芝居移転をめぐって

江戸の繁栄を象徴するものの一つが、歌舞伎芝居であった。『江戸繁昌記』に、江戸の繁栄と太平《たいへい》を象徴するものとして、春秋二度の相撲、吉原などの遊里とならんで歌舞伎芝居があげられている。文化期(一八〇四〜一八)の政治と社会の風俗を批判的に活写した『世事見聞録』の著者武陽隠士《ぶよういんし》▲は、「今の芝居は世の中の物真似《ものまね》をするにあらず、芝居が本《もと》となり世の中が芝居の真似をするようになれり」と、世間が芝居の真似をする世相を慨嘆《がいたん》している。歌舞伎で世話物《せわもの》といえば、町人《ちょうにん》社会の現実の出来事から取材した芝居だが、それが逆転して町人社会のほうが芝居の真似をしているのだという。

▼**心学**　江戸中期、石田梅岩《いしだばいがん》が創始した庶民教学《きょうがく》。商業行為の正当性、倹約や正直などの徳目《とくもく》を重視した。寛政以後の幕藩政治改革の民衆教化に、その道話《どうわ》が活用され全国に広まったが、幕末には衰退した。

▼**武陽隠士**　不詳。江戸後期江戸の武士、あるいは浪人か。文化十三(一八一六)年の序をもつ『世事見聞録』を著わし、十九世紀初めの武士・百姓《ひゃくしょう》・町人その他の社会各層の状況を批判的に論じている。

一八四一(天保十二)年十二月にだされた触書には、「時どき流行の事など、多くは芝居より起こり候」と記されている。世間で流行っているものの出所《でどころ》を探ると、歌舞伎芝居にあることが多かった、というのである。歌舞伎芝居は、江戸市中の風俗のあり方と深い関わりをもっていて、それに強い影響をあたえる存在だった。

幕府から興行を許可された歌舞伎芝居の小屋は、天保期には、堺町《さかい》の中村《なかむら》(勘三郎《かんざぶろう》)座・葺屋町《ふきや》の市村《いちむら》(羽左衛門《うざえもん》)座・木挽町《こびき》(東京都中央区《ちゅうおう》銀座《ぎんざ》。現在の歌舞伎座の所在地)の森田《もりた》(権之助《ごんのすけ》)座の三座で、江戸三座《さんざ》といわれる。しかし、天保期(一八三〇〜四四)には三座の営業はそれほど順調ではなかった。立役者《たてやくしゃ》の給金が千両役者と呼ばれるほど高くなり、そのうえ芝居小屋も繰り返し火災の難にあった。そのため、桟敷席《さじきせき》で楽しむには一両二分は必要、といわれるほど芝居見物には多額のお金が必要になった。そのため客の入りが悪くなり、しばしば興行を休むなど芝居小屋の経営は不振だった。

寺社の境内地に仮設の舞台を設けて歌舞伎芝居を演じる宮地《みやち》芝居は、安い入場料とその演技レベルの向上もあって人気があった。さらに、錦絵《にしきえ》版画に描かれた歌舞伎役者の絵姿は、江戸の庶民のみならず地方住民への江戸土産《みやげ》として人気を博した。歌舞伎と役者は、その脚本のストーリーと役者の豪華な衣裳や髪型・仕草《しぐさ》なども含めて全国的に大きな影響をあたえる存在だった。幕府は、歌舞伎芝居のもった社会への大きな影響力を認識し、その力を削ぎたかった。そこで水野忠邦は、一八四一年十一月、江戸三座の廃止(史料では「破却《はきゃく》」と表現している)、ないしは辺鄙《へんぴ》な場所への移転(これを「所替《ところがえ》」と呼んだ)を打ち出し、芝居移転について将軍の了承をえた。

水野は、芝居小屋が繁華街にあってしかも大規模な建物で火災をだしやすいという理由、そして、にぎやかな場所にあるので江戸市中の風俗に悪い影響をあたえやすいという理由などから、具体的には青山《あおやま》・四谷《よつや》辺りの淋しい場所へ移転させる案をだした。遠山は、この水野の提起にも即座に反対論を展開した。江戸三座は今まで何度も焼けたがそのたびごとに跡地に再建されてきた、町奉行所のなかで江戸三座の廃止は一度として議論になったことはない、だから廃止は論外だと厳しく批判した。

さらに、辺鄙な場所への移転についても、その不当性を詳細に論じている。

「**東都名所二丁目芝居図**」(歌川広重筆)　江戸三座は，丹波園部《たんばそのべ》藩小出《こいで》家下《しも》屋敷1万坪への移転を命じられた，町名を猿若町1～3丁目(東京都台東《たいとう》区)とされ，2丁目に葺屋町の市村座と操り人形芝居の結城《ゆうき》座が，役者や茶屋などとともに移った。

「**東都大伝馬《おおてんま》街繁栄之図**」(歌川広重筆)　大伝馬町(東京都中央区)は，もともとは道中伝馬役《どうちゅうてんまやく》をおった町であったが，17世紀後半以降，1丁目は有力な木綿《もめん》問屋(伊勢《いせ》国出身者が多く伊勢店《だな》ともいった)が進出して繁栄した。

過去にも辺鄙な場所への移転が議論になったことはあるが、やはり現在地での興行を認められてきた、天保の改革が模範とする享保《きょうほう》の改革・寛政《かんせい》の改革でも移転は行われていない、芝居と市中風俗との関係は場所の地理的遠近によるわけではない、芝居町にとくに火災が多いという事実はない、など水野があげた移転理由にいちいち反論した。そして、移転になると芝居関係者の営業と生活が立ちゆかない、地主たちは芝居町周辺の地価が下落して困ると苦情を申し立ててくる、町奉行は町人の嫌がることをやりたくないということにもなるが、芝居を辺鄙なところに移しても人心を動揺させるだけで、改革に効果はない、と芝居移転に反対した。

水野忠邦は、芝居移転の方針に異を唱えた遠山の伺書《うかがいがき》を将軍にみせたところ、将軍徳川家慶《とくがわいえよし》は、遠山のいうこともっともであり、かつて評議になったときも移転させなかったし、悪い風俗は必ず歌舞伎からでるということでもない、という理由で、水野に移転の再検討を指示した。芝居の害より芝居にかかわる住民の生活のほうが大事だという遠山の主張に、なんと将軍が賛成したのである。将軍の「変心」に対して水野は、歌舞伎が社会の風俗にあたえる害を強調し、移転の断行を将軍に迫った。

取潰しは避けられたものの、寄席の場合と同じように遠山景元の奮闘むなしく、芝居の移転は実行され、一八四一年十二月、江戸三座の移転が申し渡された。移転先として浅草山《あさくさやま》の宿《しゅく》町一万坪が指定され、引越費用として五五〇〇両が支給された。なお、町名を山の宿から猿若《さるわか》町と改めた。この間、移転の撤回を老中に訴える駕籠訴《かごそ》▲などが行われたものの、幕府の倒壊まで江戸三座の歌舞伎芝居は浅草猿若町で興行されることとなった。

なお、寺社境内の宮地芝居も、寺社奉行が禁止を提案し撤廃された。結局、上層町人の楽しみであった江戸三座は、浅草猿若町に移転させられて厳しい規制のもとにおかれ、中・下層町人が楽しんだ寺社境内の宮地芝居は、全面的に禁止されたのである。

株仲間解散令をめぐって

幕府は、一八四一(天保十二)年十二月、江戸十組問屋《とくみどんや》に不正があったとして解散を命じ、それまで上納《じょうのう》していた冥加金《みょうがきん》一万両を免除した。不正とは、十組

▼**駕籠訴**　所定の手続きを踏まず、幕府重職の駕籠を待ち受け、「お願いがございます」と訴状を直接差しだそうとする訴願。不受理が原則だが取り上げられることも多く、訴人は軽い刑罰しか科されなかった。

問屋が商品の価格を人為的に不当につり上げ物価を高騰させた、という嫌疑である。幕府は、重大な政治問題となっていた物価騰貴の責任を、株仲間《かぶなかま》に押しつけたのである。江戸十組問屋を管轄しているのは町奉行所であるが、解散令は老中と勘定《かんじょう》奉行が主導した政策だった。

天保の改革の重要政策である株仲間解散令に対しても、町奉行は強く抵抗した。しかし、町奉行の意見が書かれた伺書などはみあたらないので、そもそもこの政策の決定過程に町奉行はあまり関与していないらしい。ただ、遠山景元の同僚だった南町《みなみまち》奉行矢部《やべ》定謙《さだのり》の考え方を、矢部と面談した水戸《みと》藩士で藩主徳川斉昭《なりあき》▲の腹心である藤田東湖《ふじたとうこ》▲が書き留めている（藤田東湖「見聞偶筆《けんぶんぐうひつ》」『東湖全集』）。

老中や勘定奉行たちは、物価高騰の原因は商人どもの不正にあるというが、矢部は、真の原因はぜいたくと劣悪な貨幣の大量鋳造《ちゅうぞう》にある、と主張している。また、江戸十組問屋はもともと不正な存在などではなく、一八一三（文化十）年に、一万両の冥加金上納と引換えに、十組問屋の株数を定めて営業の独占を許可した幕府の措置が悪かったのだ、と幕府の政策の誤りを指摘する。それに加えて、大坂市場の地位の低下という流通機構上の変化も論じている。と

▼**徳川斉昭**　一八〇〇〜六〇年。江戸後期の水戸藩主。諡《おくりな》は烈公《れっこう》。一八二九（文政十二）年、藩主となり水戸藩天保改革を断行。一八三八（天保九）年に「戊戌封事《ぼじゅつふうじ》」を書いて、内憂外患《ないゆうがいかん》に対処する幕政改革の断行を幕府に迫った。

▼**藤田東湖**　一八〇六〜五五年。江戸後期の水戸藩士、水戸学者。藩主徳川斉昭の側用人《そばようにん》として、藩政改革を推進。後期水戸学を確立した学者であり、尊王攘夷論《そんのうじょういろん》により幕末の尊攘派の指導的な位置にいた。

くに、物価問題を解決するには、悪貨への貨幣改鋳《かいちゅう》を中止することが必要だと強調する。

このとき、遠山景元が株仲間問題についてどのような意見をもっていたのか、よくわからないものの株仲間解散には反対だった。遠山は、五年後の一八四六(弘化三)年に老中に差しだした、株仲間の再興を提案する上申書《じょうしんしょ》のなかで、物価高騰の原因は貨幣にある、と書いているので、矢部定謙と同じ見解だったらしい(『大日本近世史料　諸問屋再興調《しょとんやさいこうしらべ》　一』)。遠山は、一八四一年十二月の株仲間の解散を命じた触書を市中に流すのをサボタージュしている。町奉行としては、触書をすぐに市中に流して周知徹底させなければならないはずなのに、ほかに調べごとがあって忙しいなどと偽って触流しを引き延ばしたのである。そのため遠山は「お目通《めどお》り差し控え」、つまり将軍へのお目通りを当分のあいだ禁止する、という処分をくらった。このサボタージュは、解散令に反対する遠山のせめてもの意思表示だったのだろう。

遠山ら町奉行は、一八一八(文政元)年以来の質の悪い貨幣への改鋳政策こそ、物価高騰の真因だと判断していた。幕府が、株数を定めて新規の加入を禁止し、

屋台（鍬形蕙斎《くわがたけいさい》筆『近世職人尽絵《きんせいしょくにんづくしえ》詞《ことば》』）

十組問屋の営業独占を認めたのがまちがいだった、ともいう。つまり、幕府の政策上の失敗・誤りに物価問題の原因を求めているのである。

床見世取払いをめぐって

江戸には、大坂や京都と比較して床見世《とこみせ》が多かったという。床見世とは、表通りに面した大店の庇《ひさし》の下、大きな橋の前後の脇で橋台《はしだい》と呼ばれる場所、川に面して荷物を積み卸す場所である河岸地《かしち》、火除地《ひよけち》といわれた防火用の空き地と土手など、人が多く集まる場所で営業していた。床見世には、つくり方によって、おおむね(1)「建て床見世」・(2)「掛《か》け床見世」・(3)「たたみ床見世」・(4)「はこび床見世」の四種類があった。(1)は、柱を立てて店をつくり、営業が終われば戸締りして営業主は帰宅する、常設のもっとも店らしい構えのものである。(2)は、木戸《きど》や板塀《いたべい》に屋根を取りつけ、その屋根を営業するときはあげ、終ればさげる仕組みである。(3)は、柱を立てたり屋根をつけたりしない、現在の露店《ろてん》のようなものである。(4)は、商人が車で引いたりする現在の屋台《やたい》である。片づけようとすれば簡単に片づけられる仮設の建物、あるいは屋台のように移動自由な店であると考えればよい。さらには、「天道干《てんとうぼ》し」という地面に筵《むしろ》などをしいて商品をならべて商う者もいた。

町奉行所に願い出て上納金をおさめるような、幕府の許可を受けた床見世もあった。しかし、その多くは無届けで営業しているものだった。そのような床見世は、十九世紀にはいり、規模の大きな火災が起こるたびに増加したという。初めは粗末な食べ物ばかり扱っていたが、しだいに立派な器《うつわ》を用いたり、高価な寿司や菓子も売るようになってきたらしい。幕府は、そのありさまに町人のぜいたくを読みとり、床見世取締りの手を伸ばしてきた。

老中水野忠邦は、一八四一（天保十二）年十月、床見世を整理し規制する前提としてその実態を把握するため、遠山景元に対して江戸市中のすべての床見世を取り調べろ、と指示した。遠山は、床見世について、設置許可の有無や上納金の金額などを町方《まちかた》に調査させた。その調査結果を受け取った遠山は、許可を受けていても許可条件に違反している不正なものもあれば、無許可だが堀端《ほりばた》や河岸地に日中だけでている「たたみ床」のように、火災そのほかなんら害にならないものもある、だから、許可の有無だけでは単純な線引きはできないので、なお実態を精査する必要がある、と水野に報告した。これは、許可の有無で線引きし、無許可の床見世を撤去させようとする水野の思惑をみぬいた遠山が牽制したのである。そして遠山は、無害な床見世まで禁止すると、床見世を営業している「その日暮らしの者」「その日稼ぎの者」と呼ばれた下層町人は生活できなくなるので、勘弁してやるべきだと付け加えた。

水野は遠山が申し出た精査を命じたため、遠山が一八四三(天保十四)年に北《きた》町《まち》奉行から大目付《おおめつけ》に転出するまでの間に、床見世問題の結論はでなかった。南町奉行の鳥居耀蔵《とりいようぞう》と遠山の後任の北町奉行阿部正蔵《あべしょうぞう》▲は、水野忠邦の意向に忠実に従い、許可の有無や規則を盾《たて》にとり、床見世のために道路幅が狭くなっている、床見世づたいに火事が延焼する恐れがある、などを理由に無許可の床見世すべてを取り払うべきだと主張した。しかし結局、床見世の撤去は行われなかった。

南町奉行に返り咲いた遠山は、一八四五(弘化二)年、床見世の存続を強く訴えた。床見世を営む者は裏店住まいの貧乏人か、表店《おもてだな》▲住まいの者でも横町にすら商店をだせないような小営業者なので、すべて取払いになったら彼らは生活

▼**阿部正蔵**　?～一八四八年。江戸後期の幕臣《ばくしん》。遠江守《とおとうみのかみ》。一八四三(天保十四)年大坂町奉行から遠山景元の後任の北町奉行に就任。物価騰貴の原因は大坂への物資回送の減少にあるとして、問屋商人による流通統制強化を主張。

▼**表店**　通りに面し常設の店舗が営まれた空間。居住者の多くは地借・店借で、問屋・仲買商を営む。裏店に住む住民よりは上層の町人である。そのうち、表店で大規模に営業する商人を大店という。

できなくなる、それでは将軍の情け深い政治、つまり仁政《じんせい》に反することになるので、今までどおり営業を続けさせるべきだと主張し、結局はそれが認められたのである。

許可の有無や規則を画一的に適用し、無許可の床見世を全面的に撤去しようと画策した老中水野忠邦と南町奉行鳥居耀蔵らの目論見《もくろみ》は、実態にそくして下層町人の生活の維持や安定を大事にしようとする遠山景元の抵抗の前に挫折した。これは遠山の勝利だった。

人返しの法をめぐって

老中水野忠邦は、一八四一(天保十二)年八月、町奉行遠山景元に対して、江戸の人口が増加しすぎたので、農村から江戸へ出稼ぎに来ている者を農村に帰らせる策を上申せよと命じた。ふえすぎた江戸の人口を減らすため、農村から江戸に出て来ている住民を農村に帰らせようとしたのである。これが、天保の改革で打ち出された政策のなかでもとくに有名な、「人返《ひとがえ》しの法」の発端である。

十九世紀の江戸の人口は、武家・寺社と町人の人口をあわせると一〇〇万から一一〇万人と推計されている。当時の世界最大級の都市人口である。江戸の町人身分の人口は、幕府の調査によると、一八四一年に五六万人余とされるものの、この数字にもれた住民もかなり存在すると考えられている。この数字が多すぎるのかどうかよくわからないが、老中水野にとってはひどく多すぎたのである。ただ多いというだけではなく、とくにその内容が問題だった。

問題の第一は、一八四三(天保十四)年七月の町奉行所の調査によると、町人人口は五五万三二五七人、そのうち江戸生まれの者が三八万八一八五人、江戸以外の他国生まれの者が一六万五〇七二人という構成だった。他国で生まれ江戸に移ってきた者が、実に町人人口の約三〇%を占めているのである。江戸人口の増加は、他国者の流入にその原因の一つがあったのである。第二は、その過半が「その日稼ぎの者」だったことである。「その日稼ぎの者」とは、凶作で米価が高騰したとき、また風邪などが流行して働けなくなったとき、すぐに生活が困窮し、救済の対象となるような人びとのことで、下層の住民だった。遠山景元は、一八四一年に提出した上申書のなかで、「その日稼ぎの者」を江戸人口の半数と見積もり、男一五万三二二五人、女一二万八六一九人いると書き上げている。町奉行所では、凶作や風邪流行の際にすぐに救済の対象になる者が人口の半分、と見積もっていたのである。

人口が多すぎると水野が考えた理由は、他国生まれの者の流入と「その日稼ぎの者」の人口の比率が高い、つまり他国生まれの者の多くが「その日稼ぎの者」だったからである。水野忠邦は、一八三九(天保十)年に、農村の人口をふやし江戸の人口を減らす方策を代官《だいかん》に諮問した際の文書のなかで、農村の人口が減り江戸の人口がふえるということは、生産する者が減って消費する者がふえることを意味するので、凶作の際の救済は膨大な規模になり、いずれは救済しきれなくなる、と述べている。

救済できなければどうなるのか。それは、江戸でいえば一七八七(天明《てんめい》七)年五月の「天明の打ちこわし▲」、大坂でいえば一八三七(天保八)年二月の「大塩《おおしお》事件▲」のような、大規模な打ちこわしや騒動が再現されるということである。飢《き》饉《きん》などが起これば、すぐに救済の対象になり、もし有効な救済が行われなければ、大規模な一揆や打ちこわしなどの蜂起を起こしかねない住民が、江戸人口の半分以上を占めていたのである。天保の飢饉の際は、江戸町会所《まちかいしょ》▲に備蓄した囲米《かこいまい》

▼天明の打ちこわし　一七八七(天明七)年五月二十~二十三日に、江戸の米屋・質屋など一〇〇〇軒が打ちこわされた事件。天明の飢饉による米価高騰を背景に、米を隠匿《いんとく》しているとみられた米屋などが打ちこわされた。

▼大塩事件　一八三七(天保八)年二月に元大坂町奉行所与力《よりき》で陽《よう》明学者《めいがくしゃ》の大塩平八郎《へいはちろう》と門人が、天保の飢饉を背景に幕府政治の転換を訴えて起こした武力反乱。半日で鎮圧されたが、幕藩領主に強い衝撃をあたえた。

▼江戸町会所　寛政の改革で設置された町人救済機関。全国的貯穀政策の一環として、一七九一(寛政三)年七分積金を運用するため神田向柳原《かんだむこうやなぎはら》に建てられた。籾米をたくわえて飢饉に備え、日常的には病者・老人を救済した。

を放出し、さらに各地から米を江戸に回送させるなど、幕府の前例のない手当によって、江戸はからくも打ちこわしをまぬがれた。そのときすでに老中であった水野忠邦は、薄氷を踏む思いだったにちがいない。そのような深刻な体験が、地方から江戸への人口の流入を阻止し、「その日稼ぎの者」を減少させようとした「人返しの法」の背景にあった。

　水野忠邦の指示を受けた遠山景元は、それから一カ月後の九月に回答し、ここでも水野の「人返しの法」に反対した。理由はいくつもある。農村部からの人口の流入がなくなり江戸人口が減少すると、江戸が必要とする運送や米つきなど農村出身者に依存している重労働に従事する者がいなくなる、とくに労働力需要の多い武家奉公人や町家奉公人のなり手が減って給金が上昇してしまう、という困った事態が生まれるのだという。江戸における労働力の需要と供給のバランスがくずれ、労働力不足は賃金を上昇させ、物価にも影響するからである。

　寛政の改革の際の一七九〇（寛政二）年にも、天明の飢饉で江戸に流れ込んだ農村出身者を故郷に戻らせようとする、旧里《きゅうり》帰農《きのう》奨励令が失敗に終ったことに示されたように、多額の資金をあたえなければ—それはすなわち幕府の多額の財政負担になる—帰農は実現しない。江戸と農村部とのあいだには、食生活や娯楽などの面で現実に大きな格差があり、農業をきらって江戸に憧れてやってきたり、汗水流して苦労しても農業では生活できなくなって江戸に流入し、江戸での暮しに慣れてしまった者を帰農させようとするのは、現実的な政策ではない、と主張している。つまり遠山がいいたかったのは、帰農させようとするのは現実を無視した無理な話、ということである。

故郷を忘れないのが人情なのに、農民が江戸にでてきて村に戻らなくなる理由について、遠山は次のような解釈を示す。ぜいたくをするから領主は財政が困窮し、そのために村に年貢の先納《せんのう》を命じたり、臨時に御用金《ごようきん》をださせたり、借金を村に肩がわりさせるなどの負担をかけるので、村と農民が疲弊してしまったのだという。武士身分のぜいたくこそが問題の根源、と責任の所在を領主に求めている。領主のぜいたくや江戸の奢侈《しゃし》な風俗を改めなければ、江戸の人口問題も解決しないのだという、やや単純化した議論を展開している。

老中水野は、「その日稼ぎの者」を「人返しの法」によって減少させ、飢饉などの際に一揆・打ちこわしなどの騒動が起きるのを防ごうとした。それに対して遠山は、飢饉などに備える救済策を充実させることによって対処しようとしている。それは、町会所の備蓄米、すなわち囲米《かこいまい》（備蓄は籾《もみ》で行ったので囲籾《かこいもみ》というのが正しい）を充実させることだった。遠山は、一八四二（天保十三）年五月、老中水野忠邦へ町会所の囲米に関する上申書を差しだした。それは、寛政の改革で幕府が打ち出した仁政政策にそって、町会所の囲米を飛躍的に増加させるべきだ、という提案だった。一八四二年五月の時点で、囲米は籾で一六万八九四八石《こく》しかなく、二八万人を超える「その日稼ぎの者」の存在を前提にすると、きわめてあやうい数字だという。これでは、男に一日籾五合、女に一日籾二合を救済のために支給すると計算した場合、六〇日と半日分しかもたない。それを一〇〇万石まで備蓄すれば、三九〇日と半日分の食糧になるので、そこまで備蓄米をふやすべきだと主張したのである。

七分積金《しちぶつみきん》▲による米の備蓄は、もともとは地主、すなわち江戸の上層町人たちの負担によって支えられている制度であるため、地主たちからはこれを廃止してもらいたいという強い声が上がっていた。北町奉行遠山景元は、彼らの声に

▼**七分積金**　幕府が寛政の改革で江戸町人救済のためにとった政策。町入用《ちょういりよう》の節約額の七〇%、二万五〇〇〇両を毎年積み立てさせ、江戸町会所が管理・運用。積金は、米籾の備蓄と低利の融資にあてられた。

耳を傾けるどころか、この制度を飛躍的に充実させ、飢饉や風邪が流行したときでも下層住民を十分に救済できるものにしようとしたのである。遠山景元は、水野忠邦のように、「その日稼ぎの者」を強制的に帰村させ、下層町人の数を減らすことによって問題を解決しようとするのではなく、下層町人が飢饉になっても生命と生活を維持できるような条件をつくることによって問題を解決しようとしたのである。

「人返しの法」は、一八四三年にだされた。きちんと商売を営み、妻子もいるような江戸に根をはった農村出身者に帰村を強制しては迷惑になるので、帰村は命じない、ただ、最近になって江戸にやってきて裏店に住みつき、まだ妻子もいないような者は、出身の村に呼び戻すようにせよ、という程度の内容であった。農村出身の下層町人を強制的に帰村させようとした水野忠邦の「人返しの法」は、結局のところ実行することができなかったのである。これは、明らかに遠山の勝利であった。

④―名奉行遠山景元とは

食物商人減少をめぐって

遠山景元は、天保《てんぽう》の改革《かいかく》にあたって、江戸《えど》の町人《ちょうにん》たちの生活と営業の安定を守るため、老中《ろうじゅう》水野忠邦《みずのただくに》に真向うから激しく抵抗した。さすが伝説的な名奉《ぶ》行《ぎょう》、といいたくなる。しかし、遠山のような住民の生活の安定を重視する町《まち》奉行、あるいは広く幕府役人は、特殊・特別な存在だったのだろうか。江戸時代のうちから名奉行と呼ばれた江戸町奉行は、大岡越前守忠相《おおおかえちぜんのかみただすけ》はさておき、江戸時代後期では根岸鎮衛《ねぎしやすもり》が有名であり、刺青《いれずみ》のことを含めて「遠山金四郎《きんしろう》伝説」のモデルともいわれているほどである。江戸時代後期だけでも、遠山景元のみが名奉行だったわけではない。

江戸の零細な食物商人の扱いをめぐる遠山より前の町奉行の言動には、床見《とこみ》世《せ》撤去問題の際の遠山景元の主張に通じるものがある。江戸は、京・大坂と比べて食物商人がきわだって多かった。一八〇四(文化《ぶんか》元)年の町奉行所の調査によると、その数は六一六五軒にのぼった。これを六〇〇〇軒まで減らすための策をとっていたがなかなか進まなかったところ、天保の飢饉《ききん》の影響により一八三五(天保六)年には五七五七軒にまで減った。そののち、この数字を上限として食物商人の抑制をはかった。ただし、この数字は表店《おもてだな》だけの数であって、裏《うら》店《だな》および屋台《やたい》を含む床見世などははいっていなかった。老中水野忠邦は、一八三八(天保九)年に、(1)高価な料理などの取締り、(2)食物商人の減少、とくに往来で食物を商う葦簀張《よしずばり》・屋台などの床見世の減少、この二点を町奉行に指示した。当時の町奉行は、南が筒井政憲《つついまさのり》▲、北が大草高好《おおくさたかよし》▲だった。

両町奉行は、(1)については、高価な料理や菓子などは、米・味噌・醤油・酒などの日用品と違って、いくら高くても一般庶民が困るわけではない、今さら昔に戻って粗末なものにしろといえば、かえって差障りがある、それは習俗・人情にさからうことになるので、人びとに守られない、とぜいたくな料理や菓子の取締りに消極的だった。町奉行がそのような主張をする理由は、次のようなものであった。金持ちが、質素倹約を守ってお金を使わず貯め込むと、世間の金銀の流通がとどこおってしまい、金銀が円滑に流通することにより家業が成り立つ商人たちの営業に支障をきたすことになる、だから、裕福な町人がぜ

▼**筒井政憲**　一七七八〜一八五九年。江戸後期の幕臣。伊賀守《いがのかみ》・和泉守《いずみのかみ》。長崎奉行から一八二一(文政《ぶんせい》四)年南町奉行に就任。一八四一(天保十二)年まで二〇年間在職して評判がよかったが、水野忠邦により左遷された。

▼**大草高好**　?〜一八四〇年。江戸後期の幕臣。安房守《あわのかみ》。目付《めつけ》・勘定奉行などをへて一八三六(天保七)年北町《きたまち》奉行に就任。一八四〇(天保十一)年在職中に死去し、その後任が遠山景元。

いたくしてお金を使うことは、金銀の円滑な流通のためになる、という理屈である。町奉行は、金持ちがぜいたくすることの効用を説いているのである。そこから、「身分不相応奢侈僭上《みぶんふそうおうしゃしせんじょう》」、すなわち裕福な町人たちの身分不相応で極端なぜいたくを取り締まる程度にとどめたいという、老中水野の意向に反した町奉行の方針がでてくるのであった。

⑵については、床見世を減らすと、あいついだ大火や飢饉により疲弊した下層町人たちが営業できなくなり困ることになる、とまず反論し、とくに屋台店について次のように主張している。屋台店は、わずかの資金で、雑菓子・団子・油揚げ・鮓《すし》などの粗末な品を扱ってもそれなりの商売になり、裏店住まいの者の妻子・後家《ごけ》・老人・子どもなどでも、そのような屋台店の商売で生活している者が多いので、急に禁止されたら彼らは生活できなくなってしまう、と指摘する。なかには、新しく工夫された食べ物や高価な品・立派な器を使うなど、「その日稼《かせ》ぎの者」が生活するための商売とはみえないような屋台店もあるらしく、それは取り締まるという。町奉行は、「その日稼ぎの者」の生活の安定と維持のために、屋台店の削減や禁止に反対している。

この下層町人の生活の維持と安定を優先させようとする町奉行筒井政憲と大草高好の主張は、遠山景元が天保の改革の際に床見世の撤去に反対したときのそれと共通している。

門前町屋の移転をめぐって

江戸の芝西久保《しばにしくぼ》(東京都港《みなと》区虎《とら》ノ門《もん》三丁目)にある天徳寺《てんとくじ》は、徳川家康《とくがわいえやす》から境内地を拝領し、二代将軍徳川秀忠《ひでただ》・三代将軍家光《いえみつ》の帰依《きえ》を受け、一六二八(寛《かん》永《えい》五)年に本堂以下の堂宇《どうう》が建立《こんりゅう》されたという由緒ある寺だった。境内の面積は五〇八四坪あったが、諸大名家《だいみょうけ》の墓地、とくに尾張《おわり》徳川家▲の墓所となっていたためしだいに境内が手狭《てぜま》になり、もはやあらたに墓所を設ける余地がなくなってしまった。そこで天徳寺が眼をつけたのが、一四五四坪の面積がある門前町屋《まちや》であった。天徳寺は、この門前町屋を移転させ、跡地を境内に取り込むことを計画した。

天徳寺は、一八三三(天保四)年、門前町屋を境内へ囲い込みたいと寺社奉行に願い出た。尾張徳川家も、その実現を幕府に申し入れて天徳寺の後押しをし

▼**尾張徳川家**　徳川御三家の一つ。徳川家康の九男義直《よしなお》を祖とし、名古屋を居城とする六一万九〇〇〇石《こく》の大藩。藩主は、一八三九(天保十)年から徳川家斉《いえなり》の子斉荘《なりたか》。

▼沽券地　江戸の町地のうち、永代《えいたい》売買が許可されていた町屋敷地。町地でも、幕府からあたえられた拝領町屋敷は永代売買が禁止されていたが、それ以外の屋敷地は公許されていた。

た。寺社奉行は、天徳寺の窮状を理解し、その願いをやむをえないものと認め、そのうえ尾張徳川家からの要望もあることから、天徳寺の願いを実現させたいと老中に伺い出た。老中は、門前町屋を管轄する町奉行に寺社奉行の伺書《うかがいがき》をさげて意見を求めた。町奉行は、町年寄《まちどしより》をとおして門前町屋住民の意向を調査した。門前町屋は天徳寺の拝領屋敷地ではなく沽券地《こけんち》▲なので、天徳寺の一方的な願いで撤去させられたのでは、地主《じぬし》はもとより住み慣れた住民が困ってしまう、と町年寄は町奉行所に回答した。町奉行は、門前町屋住民の難渋《なんじゅう》を理由に天徳寺の出願を却下すべきであると老中に回答した。老中は、町奉行の意見を認め、天徳寺の願いを却下した。

翌年、天徳寺は、門前町屋の代替地として麻布飯倉《あざぶいいくら》(東京都港区南麻布)にあった天徳寺の下屋敷《しもやしき》を提供することにして、再度、門前町屋の囲込みを出願した。今回も、尾張徳川家がその実現のために口添えした。寺社奉行は前回と同じ理由で出願を認めたいと老中に伺い出て、老中はまた町奉行に評議を命じた。町奉行は、ふたたび町年寄に調査を命じたところ、門前町屋の名主《なぬし》から、代替地は立地条件が悪くて町屋に向いていないので、移転したら商売が成り立たず、一家離散せざるをえない、と嘆願書がだされた。町年寄は、天徳寺下屋敷は代替地にふさわしくなく、移転すれば町人たちが難渋することは疑いないので、移転に反対だと回答した。町奉行は、同じ理由で天徳寺の出願を却下するようにと老中に上申《じょうしん》した。老中は、今回も町奉行の意見を認め、ふたたび天徳寺の出願を却下した。

由緒のある寺院のやむない事情があっても、また御三家《ごさんけ》の一つ尾張徳川家の口添えがあっても、町奉行は、住民が難渋する、住民が納得していないことを理由に反対し、老中も町奉行の意見に賛成しているのである。住民の生活の安定と維持、それに住民の納得を重視する姿勢や考え方が、町奉行さらには老中にまで認めることができる。これは、遠山景元と同じ考え方である。

この天徳寺門前町屋移転の件は、一八四六(弘化《こうか》三)年、遠山景元が南町奉行だったときに解決した。遠山は、それまで門前町屋住民の移転反対の意向を尊重して、天徳寺の願いの却下を上申していたが、天徳寺と門前町屋住民のあいだで示談が成立し、住民が移転に納得したので、遠山も天徳寺の願いの実現に賛成した。あくまでも、住民が難儀しないこと、当事者間の示談が成立し、住民が納得したことを重視したのである。

このように、遠山景元が町奉行に就任する以前の町奉行たちも、実は遠山とほぼ同じように、住民の暮しの安定を重視する姿勢で江戸の市政・行政にあたっていたのである。その点では、遠山景元が特別な存在というわけではなかったのである。住民の暮しの安定を重視するのは、町奉行個人の姿勢・考え方というよりは、町奉行所という役所のそれだと理解すべきである。町奉行所に限らず、江戸幕府の役所の日常的な業務・実務を担っていたのは、町奉行所でいえば与力《よりき》▲・同心《どうしん》のような職員たちであった。しかも、御目見《おめみえ》以下の御家人《ごけにん》身分であったが、親から子へと続く世襲的な性格が強かった。そのような事情もあって、日常行政のあり方や政策の継承性が強い。だから、奉行が変わっても、また誰が奉行になっても、それほど大きな変化・ブレがなく安定した行政が行われたのである。

景元の考え方

遠山以前の町奉行も遠山とほぼ同じような考え方だったとはいえ、また町奉

▼**与力**　江戸幕府の職名。御目見以下だが騎乗できる格式。幕府諸奉行所などに配置され、同心を指揮して職務を遂行した。町奉行所には南北あわせて五〇騎。世襲制で、同心を指揮して町奉行所の実務を担った。

行所として維持してきた行政のあり方に従ったのだとしても、やはり遠山はきわだっている。天保の改革を断行した強面《こわもて》の老中水野忠邦に真向うから抵抗するというのは、並大抵のことではなかろう。水野の手により、遠山の前に町奉行をつとめた筒井政憲は閑職に追いやられ、同僚の矢部《やべ》定謙《さだのり》にいたっては罷免のうえ永預《えいあず》け、家は改易《かいえき》という酷《ひど》い処罰を受けている。わずかなミス、しかも過去の誤りを蒸し返され、失脚させられた。しかし、将軍の「お褒《ほ》めの言葉」と厚い信任という「お墨付き」があった遠山は、恐《こわ》い者なしだったようだ。おそらく、この将軍の「お褒めの言葉」こそ、水野に真向うから抵抗できた力の源泉だったろう。最高権力者に抗《あらが》う遠山景元の姿は、まことに颯爽《さっそう》としてみえる。

個々の案件について、住民の暮しの維持と安定を重視し、老中の改革方針の多くに異を唱えたことはわかる。しかし、遠山がなぜそのように考えるのか、その基本的な考え方などは、それほどわかるわけではない。

一八四一(天保十二)年十二月に解散させられた株仲間《かぶなかま》は、一〇年後の五一(嘉《か》永《えい》四)年三月に再興された。この株仲間の再興に尽力し主導したのが、町奉行に返り咲き南町《みなみまち》奉行に就任した遠山景元だった。一八四五(弘化二)年に南町奉行となった遠山は、早々に株仲間の再興を上申したほど、この問題を重視していた。翌年一八四六(弘化三)年七月、老中阿部《あべ》正弘《まさひろ》▲に上申書を提出し株仲間再興を訴えた(以下『大日本近世史料　諸問屋《しょとんや》再興《さいこう》調《しらべ》　一』)。

その上申書のなかで、株仲間を再興しようとする狙いを次のように書いている。株仲間再興によって町人の財力に力をつけてやって営業をしやすくし、商売の方法も昔に戻すことによって、住民が安心してありがたい江戸に住み続けることができるようになれば、おのずと人心をおだやかに落ち着かせることができる、つまり、株を担保にして融資が行われていたが、株が廃止になったためそれができなくなり、商売がうまくいかなくなっているので、株仲間の再興により金融を円滑にすれば経済がうまく回転する、ということである。住民の生業《なりわい》を安定させ、暮らしてゆけるようにして民心を安定させることの重要性を説いているのである。江戸で安定して生活が続けられるようにすれば民心が落ち着き、それによって支配の秩序が安定する、これこそが、遠山景元の江戸市政に対する基本的な考え方である。

▼阿部正弘　一八一九〜五七年。江戸後期の幕府老中。備後《びんご》福山《ふくやま》藩主。一八四三(天保十四)年老中水野忠邦の失脚を受けて、二四歳で寺社奉行から老中に就任。一八五四(安政《あんせい》元)年日米和親《にちべいわしん》条約を結び、鎖国《さこく》から開国《かいこく》へ転換させた。

景元の文書は誰が書いたのか

奉行たちが老中に提出する上申書・伺書・評議書などの文書を誰が書くのか、という問題がある。配下にいる与力や同心ら属僚《ぞくりょう》が先例や実態を調査して起案するのであろうことは、容易に推測できる。できあがった文書にどれほど奉行個人の考え方や意見が盛り込まれているのか、それが奉行個人の意見なのか、奉行所の意見を書いているのか、それを見分けることはなかなかむずかしい。

きわめて重要な案件の場合、老中が三奉行全員に意見の提出を求めることがある。そのような際は、包み隠さず本心を述べろ、老中にきらわれるのではないか、疑われるのではないかなどと心配することなく、自身で考えていることを思い切り述べろ、などという指示があり、封書で提出することが求められた。なかには、配下の役人に評議させ書かせるようなことは無用、などと注意されている事例もある。そのような場合の文書には、奉行本人の意見や考え方がかなり盛り込まれているのではないかと考えられる。しかし、通常の伺書や評議書などの文書では、そこのところを見分けることは困難である。

遠山は、一八四八(嘉永元)年七月、豊作による米価下落への対策として、米

▼**蔵宿**　札差《ふださし》の別称。浅草蔵前《あさくさくらまえ》に店を構え、旗本・御家人の代理として俸禄米《ほうろくまい》を幕府米蔵《こめぐら》から受け取り、売却して手数料をえた商人。俸禄米を担保に金融も行った。一七二四(享保《きょうほう》九)年一〇九人の株仲間が公認された。

問屋などの株仲間の再興を上申した。すべての株仲間の再興はなかなかむずかしく、その展望が開けないという見通しを前提に、米価対策として上申している。その文書のなかで遠山は、株仲間を再興することそのものへの批判の声、米問屋や蔵宿《くらやど》▲などだけ部分的に再興を認める措置への批判・不満がたくさんでてくることを予想し、老中はそのような「浮説《ふせつ》」「道路の評説《ひょうせつ》」に動揺することなく断行すべきだと、主張した。その上申書の末に、これは口頭で述べることを文書にして申し上げたので、聞捨《ききず》てにできないような失礼な文章があれば、恐れを顧みない「老爺《ろうや》の一憤《いっぷん》を起こし」(「憤」が「怒って」なのか「奮い立って」なのか正確に理解できないが、ここでは後者の意味に解釈した)、老人が発奮して書いたことなので、なにとぞお許しを願いたい、と書いている。

数え五五歳の遠山が「老爺」なのかどうかはさておき、老中に提出する文書にこのような文面を書けるところに、遠山の自信のほどがうかがえる。それとともに、そこに書かれている内容が、遠山自身の考え方により書かれていることもうかがわせるのではないか。もちろん、遠山の名前でだされている文書のすべてがそうだとはいえないし、町奉行所の職員と相談もしながら作成されているだろう。しかし遠山景元の場合、さきの文書にみるように、遠山自身の言葉で自らの考え方を述べている文書がかなりあるのではないかと思われる。

景元の町奉行論

遠山は、一八四九(嘉永二)年五月、株仲間の再興に関して何度目かの上申書を老中阿部正弘に提出した。株仲間については、さまざまな思惑から再興させようと画策する者もあり、もしもこの件で人心の折合《おりあ》いがつかないような事態が起こると、町人の利害にかかわるだけではなく、国家の政治にも関係することになるのではなはだ心配だ、と書いたあと、町奉行としてのあり方を述べている。

幕府の取締りとまったく無関係の事柄で、たとえ町人だけの利害にかかわるようなことでも、町奉行の職務には関係ないからどうでもいいというわけにはいかない、町人身分はもちろん、穢多《えた》・非人《ひにん》などの身分の者でも、彼らの生活の利益になることであるならば、取り調べたうえで支配や行政の害にならないことは取り上げて、町奉行として実施してやりたいと思う(「町人どもは勿論《もちろん》、穢多・非人などにても生活の為に相成《あいな》り候はば、取り調べのうえ害に相成らざる品に候えば、取り扱い遣《つか》わしたき訳」)。町人に対しては、これまでも御用金《ごようきん》や冥加金《みょうがきん》を上納《じょうのう》させてきたし、今後も御用金を上納させるようなことがあるかもしれない、そのとき、町人から商売が不振で金回りが悪いといわれれば、説得するのはむずかしくなる、だから、天下太平《てんかたいへい》を維持するための政治には、町人の気分とか気持ちとかに配慮することも大事だ、という(「太平の御政事は町人ども気合いの儀も大切」)。

さらに遠山は、現在の江戸の人びとの感情や江戸市中の落ち着き具合などに無頓着《むとんちゃく》で、書面のうえでばかり調べて理屈をいう、と勘定《かんじょう》奉行を暗《あん》に批判している。江戸住民の気分や感情、そしてその落ち着き具合を重視して市政を行おうとする、遠山の町奉行としての考え方がよくでている。江戸の町のことは町奉行が一番よくわかっている、なにもわかっていない余所《よそ》からごちゃごちゃいうな、というところであろう。

景元と支配の秩序

遠山景元は町奉行として、江戸市中に住むすべての人びとの生活の安定と維持を重視し、町人の気分や気持ちを大事にして幕府への信頼を維持しようとする、そのような町奉行だった。町人身分の住民にとって、まことに「慈悲《じひ》深いお奉行」というしかない。それに比べて、老中水野忠邦や南町奉行鳥居耀蔵《とりいようぞう》は、町人身分の暮しなどは二の次にして、幕府の政治上の都合と武士身分の利益を優先させようとする冷酷な人びとである。天保の改革という幕政改革を背景に、町人の生活を押し潰してでも幕府と武士身分の支配秩序を再強化しようとする老中水野忠邦、そしてそれを忠実に実行しようとする鳥居耀蔵の存在、かたやそれに抵抗して町人の生活の安定を重視し、身を挺して町人の暮しを守ろうとする遠山景元の存在、というかなりわかりやすい構図が生まれた。これこそ、伝説的な名奉行遠山景元が誕生する舞台であった。

しかし、遠山景元は、江戸時代の支配身分である武士身分の利害から離れた、また、町人身分が暮す江戸市中を統治する幕府役人の立場から逸脱した「慈悲深いお奉行」だったのだろうか。住民の暮しの安定・維持を重視するという点ならば、また、それをあやうくするような政策や措置には消極的であったという点ならば、遠山より前の町奉行たちにも共通してみいだすことができた。また、本書で具体的に取り上げたのは、天保の改革において打ち出された市中改革に関する政策のうち、遠山が老中の方針に反対し、抵抗したものだけなのである。実は遠山は、物価の引下げ、ぜいたくの取締り、出版物の統制などなど、その他多くの市中改革については、町奉行としてその政策の実現に取り組んでいるのであって、改革政策にことごとく反対、あるいは消極的であったわけではない。

遠山は、江戸町人のぜいたくについても取締りに取り組んでいる。ただ、遠山が取り締まるべきだと主張したのは、身分を超えた奢侈、あるいは身分に不相応な過度のぜいたくだった。武士身分・町人身分という身分の枠内で相応に暮すべきであるという、江戸時代のごくありふれた倫理である。また、たとえ賤民《せんみん》とされた穢多・非人であっても、彼らのためになることなら、町奉行としてやってやる、と遠山はいっていた。これには、あくまでも「公辺《こうへん》御取締り筋にはいっさい拘《かか》わらざる品々《しなじな》」という前提がついていた。つまり、ただ単に住民の利益を守る、住民の利益のために働くというのではなく、幕府の政治や行政に支障がない、害がない、という条件がついているのである。

遠山も武士であり幕臣《ばくしん》であり、江戸幕府の役人である。その枠からの逸脱はしないのである。町奉行に限らず幕府の遠国《おんごく》奉行たちは、住民の利害を重視しているが、実は秩序の維持を重視しているのであって、住民の利害を支配の秩序よりも優先しているわけではない。しかし、天保の改革の市中政策は、住民の生活の安定と維持をおびやかし、町奉行所が担ってきた江戸の統治、秩序をゆるがしかねない、と判断したのであろう。江戸の秩序を維持するため、住民の生活の安定と維持を重視する町奉行所の方針を貫こうとしたのである。それはなによりも、江戸幕府の安定的な江戸支配の維持に有効と判断したからであろう。幕府の支配と住民の生活の両立に苦心する町奉行の姿として遠山景元をみるべきであり、その点で遠山はバランス感覚に優れていた人物といえる。

農村においては、幕府(代官《だいかん》)あるいは領主と百姓《ひゃくしょう》身分とのあいだには、年貢《ねんぐ》を取り立てる、取り立てられるという厳しい緊張関係がある。江戸(都市)には、幕府(町奉行)と町人身分とのあいだには、そのような関係が基本的には存

晩年の景元といわれる肖像

在しない。そこに生まれる幕府(町奉行)と町人との関係と、幕府(代官)・領主と百姓との関係に微妙な差異を生み、町奉行と代官・領主の支配行政のあり方にも違いを生む。江戸幕府の民衆支配のあり方は、その共通性と差異を踏まえて考える必要がある。

和歌にみる晩年の景元

遠山景元が、一八五二(嘉永五)年に南町奉行を辞職した直後に詠《よ》んだ和歌が残っている。江戸下谷《したや》(東京都台東区)で剣術の道場を開いていた藤川貞《てい》(号は整《せい》斎《さい》。一七九一〜一八六二)が書き留めた「嘉永雑記」(国立公文書館蔵)に、「六十翁帰雲《きうん》」が詠んだ和歌三首がみえる。帰雲は景元の隠居後の号であり、六〇歳ということは嘉永五年にあたる。

天つ空てらす日かげに曇なく　もと来し山に帰るしら雲
かけてきる冠の紐にひきかえて　かへし給はば老の玉の緒
ちりの世の花すり衣ぬぎかえて　こころすずしき墨染の袖

和歌の巧拙《こうせつ》については論評できないが、長い激務の町奉行職を離れた安堵感が読みとれる。それとともに、職をやり遂げた人間のすがすがしい心持ちが伝わってくる。

写真所蔵・提供者一覧(敬称略, 五十音順)

吉祥寺　　p. 45下右
国立国会図書館　　p. 37中, 49
財団法人徳川記念財団　　p. 18
首都大学東京図書情報センター　　p. 37上・下
田原市　　カバー裏, p. 55下
東京国立博物館・Image:TNM Image Archives　　p. 60
東京大学史料編纂所　　p. 11下
東京都立中央図書館東京誌料文庫　　扉, p. 29
遠山講・千葉県立中央博物館　　p. 86
日本銀行金融研究所貨幣博物館　　p. 33下
本妙寺　　p. 45下左
靖國神社遊就館　　p. 22
早稲田大学演劇博物館　　p. 11上, 55上
早稲田大学図書館　　カバー表, p. 33上

参考文献

荒木裕行・戸森麻衣子・藤田覚編『長崎奉行遠山景晋日記』清文堂出版, 2005年
大口勇次郎「天保期の性格」『岩波講座 日本歴史　近世4』岩波書店, 1976年
岡崎寛徳編『遠山金四郎家日記』岩田書院, 2007年
川田貞夫『川路聖謨』(人物叢書), 吉川弘文館, 1997年
神田由築「芸能興行の世界」藤田覚編『日本の時代史17　近代の胎動』吉川弘文館, 2003年
神田由築「江戸の遊所」「歌舞伎」藤田覚・大岡聡編『街道の日本史20　江戸』吉川弘文館, 2003年
喜田川守貞著・宇佐美英機校訂『近世風俗志(守貞謾稿)』全5冊, 岩波文庫, 1996～2002年
北島正元『水野忠邦』(人物叢書), 吉川弘文館, 1969年
北島正元『日本の歴史18　幕藩制の苦悶』(中公文庫), 中央公論新社, 2006年
小林信也『山川歴史モノグラフ1　江戸の民衆世界』山川出版社, 2002年
斎藤善之『内海船と幕藩制市場の解体』柏書房, 1994年
坂本忠久『天保改革の法と政策』創文社, 1997年
佐久間長敬著・南和男校注『江戸町奉行事蹟問答』人物往来社, 1967年
笹間良彦『図説 江戸町奉行事典』柏書房, 1991年
津田秀夫『日本の歴史22　天保改革』小学館, 1975年
東京大学史料編纂所編纂『大日本近世史料　市中取締類集』東京大学出版会, 刊行中
東京大学史料編纂所編纂『大日本近世史料　諸問屋再興調一～十五』東京大学出版会, 1956～80年
中込重明「遠山の金さんと根岸鎮衛」『法政大学大学院紀要　人文社会科学』43, 1999年
比留間尚「成立期における落語の社会基盤」『文学』1960年12月号
藤田覚『幕藩制国家の政治史的研究』校倉書房, 1987年
藤田覚『天保の改革』吉川弘文館, 1989年
藤田覚『遠山金四郎の時代』校倉書房, 1992年, 2015年講談社学術文庫
藤田覚『水野忠邦』東洋経済新報社, 1994年
藤田覚『日本史リブレット48　近世の三大改革』山川出版社, 2002年
藤田覚「江戸庶民の暮らしと名奉行」藤田覚編『日本の時代史17　近代の胎動』吉川弘文館, 2003年
藤田覚「寄席」藤田覚・大岡聡編『街道の日本史20　江戸』吉川弘文館, 2003年
南和男『幕末江戸社会の研究』吉川弘文館, 1978年
南和男『江戸の町奉行』(歴史文化ライブラリー), 吉川弘文館, 2005年
横倉辰治『与力・同心・目明しの生活』雄山閣出版, 1980年
横倉辰治『江戸町奉行』雄山閣出版, 2003年
吉田伸之編『日本の近世9　都市の時代』中央公論社, 1992年
吉田伸之「『江戸』の普及」『日本史研究』404, 1996年
「浮世の有様」『日本庶民生活史料集成』第11巻, 三一書房, 1970年

遠山景元とその時代

西暦	年号	齢	おもな事項
1793	寛政5	1	*8*- 景元生まれる。父は小姓組士景晋。幼名は通之進
1794	6	2	*4*- 父景晋，第2回学問吟味で甲科合格
1799	11	7	*1*- 景晋，蝦夷地巡視に随行
1804	文化元	12	*9*- ロシア使節レザノフ来日。翌年3月，目付景晋，要求拒絶を通告
1811	8	19	*5*- 景晋，朝鮮通信使聘礼のため対馬へ出張
1812	9	20	*2*- 景晋，長崎奉行になる(1816年まで在任)
1814	11	22	*3*- 景元，結婚を許可される(相手は堀田一定の娘)
1818	文政元	26	*4*- 幕府，貨幣を改鋳し文政金銀の鋳造を開始
1819	2	27	*9*- 景晋，勘定奉行に昇進(1829年まで在任)
1825	8	33	*2*- 異国船打払令でる。*3*- 景元，初御目見。*12*- 景元，西丸小納戸役に召しだされる
1829	12	37	*4*- 景元，父景晋隠居につき家督を嗣ぐ。知行500石
1831	天保2	39	この年，天保の飢饉。*2*- 江戸町会所，窮民27万8000人に施米
1834	5	42	*5*- 景元，西丸小納戸頭取になる。従五位下・大隅守
1835	6	43	*5*- 景元，小普請奉行になる。翌年，左衛門尉に改める
1836	7	44	この年，全国的な飢饉。奥羽もっとも甚大な被害。*7*- 甲州郡内騒動。*9*- 三河加茂一揆など打ちこわし・一揆が激発
1837	8	45	*2*- 大塩事件。*4*- 家斉，将軍職を家慶に譲る。*6*- モリソン号事件。*8*- 景元，作事奉行になる
1838	9	46	*2*- 景元，勘定奉行(公事方)になる
1839	10	47	*5*- 蛮社の獄起こる
1840	11	48	*3*- 景元，北町奉行に昇進。*7*- アヘン戦争情報伝わる。*11*- 幕府，庄内・長岡・川越藩に三方領知替を命じ，翌年中止
1841	12	49	*5*- 幕府，天保の改革開始。*12*- 株仲間解散。南町奉行矢部定謙罷免され，鳥居耀蔵就任。江戸三座浅草へ移転
1842	13	50	*2*- 江戸市中の寄席，15軒に制限。*6*- 為永春水ら，処罰される。*7*- 異国船打払令中止し，薪水給与令でる
1843	14	51	*2*- 人返しの法でる。景元，大目付に転任。*4*- 将軍家慶，日光社参。*6*- 江戸大坂十里四方上知令。印旛沼工事開始。閏*9*- 上知令撤回。老中水野忠邦罷免。阿部正弘，老中就任
1844	弘化元	52	*5*- 江戸城本丸焼ける。*6*- 水野忠邦，老中再任。*7*- オランダ国王から開国勧告の親書
1845	2	53	*2*- 水野忠邦，ふたたび罷免。*3*- 景元，南町奉行になる
1846	3	54	*5*- アメリカインドシナ艦隊司令官ビッドル，浦賀に渡来
1851	嘉永4	59	*3*- 株仲間再興令でる
1852	5	60	*3*- 景元，南町奉行を辞職
1855	安政2	63	*2-19* 景元，死去。戒名は，帰雲院殿松僊日亨大居士

藤田 覚（ふじた さとる）
1946年生まれ
東北大学大学院文学研究科博士課程単位取得退学
専攻，日本近世史
現在，東京大学名誉教授
主要著書
『泰平のしくみ　江戸の行政と社会』（岩波書店2012）
『日本近世の歴史４　田沼時代』（吉川弘文館2012）
『シリーズ日本近世史⑤　幕末から維新へ』（岩波新書2015）
『勘定奉行の江戸時代』（ちくま新書2018）
『光格天皇』（ミネルヴァ日本評伝選2018）

日本史リブレット人 053
遠山景元《とおやまかげもと》
老中にたてついた名奉行
2009年10月26日　１版１刷　発行
2019年９月15日　１版２刷　発行
著者：藤田《ふじた》 覚《さとる》
発行者：野澤伸平
発行所：株式会社 山川出版社
〒101－0047　東京都千代田区内神田１－13－13
電話　03(3293)8131（営業）
03(3293)8135（編集）
https://www.yamakawa.co.jp/
振替　00120-9-43993
印刷所：明和印刷株式会社
製本所：株式会社 ブロケード
装幀：菊地信義

Printed in Japan ISBN 978-4-634-54853-4

日本史リブレット 人

1 卑弥呼と台与 — 仁藤敦史
2 倭の五王 — 森 公章
3 蘇我大臣家 — 佐藤長門
4 聖徳太子 — 大平 聡
5 天智天皇 — 須原祥二
6 天武天皇と持統天皇 — 義江明子
7 聖武天皇 — 寺崎保広
8 行基 — 鈴木景二
9 藤原不比等 — 坂上康俊
10 大伴家持 — 鐘江宏之
11 桓武天皇 — 西本昌弘
12 空海 — 曾根正人
13 円珍と円仁 — 平野卓治
14 菅原道真 — 大隅清陽
15 藤原良房 — 今 正秀
16 宇多天皇と醍醐天皇 — 川尻秋生
17 平将門と藤原純友 — 下向井龍彦
18 源信と空也 — 新川登亀男
19 藤原道長 — 大津 透
20 清少納言と紫式部 — 丸山裕美子
21 後三条天皇 — 美川 圭
22 源義家 — 野口 実
23 奥州藤原三代 — 斉藤利男
24 後白河上皇 — 遠藤基郎
25 平清盛 — 上杉和彦
26 源頼朝 — 高橋典幸
27 重源と栄西 — 久野修義
28 法然 — 平 雅行
29 北条時政と北条政子 — 関 幸彦
30 藤原定家 — 五味文彦
31 後鳥羽上皇 — 杉橋隆夫
32 北条泰時 — 三田武繁
33 日蓮と一遍 — 佐々木馨
34 北条時宗と安達泰盛 — 福島金治
35 北条高時と金沢貞顕 — 永井 晋
36 足利尊氏と足利直義 — 山家浩樹
37 後醍醐天皇 — 本郷和人
38 北畠親房と今川了俊 — 近藤成一
39 足利義満 — 伊藤喜良
40 足利義政と日野富子 — 田端泰子
41 蓮如 — 神田千里
42 北条早雲 — 池上裕子
43 武田信玄と毛利元就 — 鴨川達夫
44 フランシスコ＝ザビエル — 浅見雅一
45 織田信長 — 藤田達生
46 徳川家康 — 藤井譲治
47 後水尾天皇と東福門院 — 山口和夫
48 徳川光圀 — 鈴木暎一
49 徳川綱吉 — 福田千鶴
50 渋川春海 — 林 淳
51 徳川吉宗 — 大石 学
52 田沼意次 — 深谷克己
53 遠山景元 — 藤田 覚
54 酒井抱一 — 玉蟲敏子
55 葛飾北斎 — 小林 忠
56 塙保己一 — 高埜利彦
57 伊能忠敬 — 星埜由尚
58 近藤重蔵と近藤富蔵 — 谷本晃久
59 二宮尊徳 — 舟橋明宏
60 平田篤胤と佐藤信淵 — 小野 将
61 大原幽学と飯岡助五郎 — 高橋 敏
62 ケンペルとシーボルト — 松井洋子
63 小林一茶 — 青木美智男
64 鶴屋南北 — 諏訪春雄
65 中山みき — 小澤 浩
66 勝小吉と勝海舟 — 大口勇次郎
67 坂本龍馬 — 井上 勲
68 土方歳三と榎本武揚 — 宮地正人
69 徳川慶喜 — 松尾正人
70 木戸孝允 — 一坂太郎
71 西郷隆盛 — 德永和喜
72 大久保利通 — 佐々木克
73 明治天皇と昭憲皇太后 — 佐々木隆
74 岩倉具視 — 坂本一登
75 後藤象二郎 — 鳥海 靖
76 福澤諭吉と大隈重信 — 池田勇太
77 伊藤博文と山県有朋 — 西川 誠
78 井上馨 — 神山恒雄
79 河野広中と田中正造 — 田崎公司
80 尚泰 — 川畑 恵
81 森有礼と内村鑑三 — 狐塚裕子
82 重野安繹と久米邦武 — 松沢裕作
83 徳富蘇峰 — 中野目徹
84 岡倉天心と大川周明 — 塩出浩之
85 渋沢栄一 — 井上 潤
86 三野村利左衛門と益田孝 — 森田貴子
87 ボアソナード — 池田眞朗
88 島地黙雷 — 山口輝臣
89 児玉源太郎 — 大澤博明
90 西園寺公望 — 永井 和
91 桂太郎と森鷗外 — 荒木康彦
92 高峰譲吉と豊田佐吉 — 鈴木 淳
93 平塚らいてう — 差波亜紀子
94 原敬 — 季武嘉也
95 美濃部達吉と吉野作造 — 古川江里子
96 斎藤実 — 小林和幸
97 田中義一 — 加藤陽子
98 松岡洋右 — 田浦雅徳
99 溥儀 — 塚瀬 進
100 東条英機 — 古川隆久

〈白ヌキ数字は既刊〉